Félix Lope de Vega y Carpio

El inobediente o la ciudad sin Dios

Créditos

Título original: El inobediente o la ciudad sin Dios.

© 2024, Red ediciones S.L.

e-mail: info@red-ediciones.com

Diseño de cubierta: Michel Mallard.

ISBN tapa dura: 978-84-1126-228-6.
ISBN rústica: 978-84-9816-176-2.
ISBN ebook: 978-84-9897-708-0.

Cualquier forma de reproducción, distribución, comunicación pública o transformación de esta obra solo puede ser realizada con la autorización de sus titulares, salvo excepción prevista por la ley. Diríjase a CEDRO (Centro Español de Derechos Reprográficos, www.cedro.org) si necesita fotocopiar, escanear o hacer copias digitales de algún fragmento de esta obra.

Sumario

Créditos _____ **4**

Brevísima presentación _____ **7**
   La vida _____ 7

Personajes _____ **8**

Jornada primera _____ **9**

Jornada segunda _____ **47**

Jornada tercera _____ **87**

Libros a la carta _____ **135**

Brevísima presentación

La vida

Félix Lope de Vega y Carpio (Madrid, 1562-Madrid, 1635). España.

Nació en una familia modesta, estudió con los jesuitas y no terminó la universidad en Alcalá de Henares, parece que por asuntos amorosos. Tras su ruptura con Elena Osorio (Filis en sus poemas), su gran amor de juventud, Lope escribió libelos contra la familia de ésta. Por ello fue procesado y desterrado en 1588, año en que se casó con Isabel de Urbina (Belisa).

Pasó los dos primeros años en Valencia, y luego en Alba de Tormes, al servicio del duque de Alba. En 1594, tras fallecer su esposa y su hija, fue perdonado y volvió a Madrid.

Entonces era uno de los autores más populares y aclamados de la Corte. La desgracia marcó sus últimos años: Marta de Nevares una de sus últimas amantes quedó ciega en 1625, perdió la razón y murió en 1632. También murió su hijo Lope Félix. La soledad, el sufrimiento, la enfermedad, o los problemas económicos no le impidieron escribir.

Personajes

El rey Danfanisbo
María, dama
Petronia, infanta
Lisbeo, capitán
Fenicia, dama
Liberio, galán, príncipe
El Demonio
Delio, soldado
Lirno, galán
Mario, galán
Fronibo
Rosanio, galán
Macaria
Jonás
Abisén
Iberio
Siquer
Lanfiro
Sicar
Corfino
Capitán
Príncipe
Músicos
Marcio
Sacerdotisas
Tres presos
Dios Padre
Maestresala
Coridón
Gaseno
Brofer
Ilbera

Jornada primera

(Lirno, Delio y Mario, soldados atados; Fenicia, Ilbera.)

Lirno   Perezcan entre estos montes
                 y vuelva el esquife al mar.

Fenicia   ¡Amigos!

Delio   Quédense a dar
                 leyes a estos horizontes.

Ilbera   ¿Es posible que queréis
                 dejarnos de aquesta suerte
                 en las manos de la muerte?
                 Mario, Lirnio!

Delio   No os canséis,
                 vaya el esquife a la mar,
                 ¡boga, boga!

Fenicia   ¡Ah, gente ingrata!
                 ¿Así vuestro rey se trata?
                 Aguardad.

Lirno   ¿Qué es aguardar?

(Vanse.)

Iberio   ¿Cómo es posible, enemigos,
                 que os mostréis sordos y mudos
                 a las voces de los tristes?
                 ¿No hay ley, no hay Dios en el mundo?
                 ¿Por qué delitos, qué culpas,

qué sinrazones, qué insultos,
nos dejáis entre estas peñas,
entre animales y brutos?
¡Plega a Dios que el mar se altere,
que en su estómago profundo,
entre montes de agua y viento
os dé el postrero sepulcro!
¡Plega a Dios que este pavón
que abriendo espumosos surcos
corre, escarbando las aguas,
retoza en los golfos turbio,
corsando entre pardas peñas
pierda el norte, y en un punto,
el que es un leño a sus ojos,
parezca a los ojos muchos!
¡Justicia contra ti, reino perjuro,
pues castigas los buenos y los justos!

Fenicia
¡Que se va la loca nave!
¡Que nos deja, y que Neptuno,
por sus turquesados campos,
le da pasaje seguro!
¡Tenedle, cielos: mirad
que si prosigue su curso,
llegará a la patria amada,
de donde sacarnos pudo!
¡Oh, quién en los pies tuviera
las alas del dios Mercurio!
¡Y quién los suyos calzara
con el plomo de Saturno!
¡Quién fuera otro Polifemo,
que por la popa y los rumbos,
con fuertes peñas la hiciera
sumergir en los profundos!

                Aguarda, fiero inventor
                de traiciones y de insultos,
                monstruo preñado de agravios,
                Argos de honrados descuidos;
                justicia contra ti, reino perjuro,
                pues castigas los buenos y los justos.

Iberio   Amada esposa, ¿qué haremos?
                que ya la nave a los ojos
                agua parece, y despojos
                ya de su rastro no vemos.
                   Este peñasco es terrible,
                este monte inhabitable,
                este arenal intratable,
                y escapar es imposible.
                   Subir allá no podremos
                si esta peña no nos salva,
                y es tan pelada y tan calva,
                que en qué estribar no tenemos.
                   Humanos pies sus arenas
                han pisado, y tan airado
                las combate el mar salado,
                que de herirlas cesa apenas;
                      ¿qué haremos?

Fenicia   Amado esposo,
                morir, porque aquí me obligo,
                mi bien, a morir contigo,
                pues el morir es forzoso.
                   Venga la muerte en tus brazos;
                que como en ellos esté,
                la muerte no sentiré
                disuadida en los abrazos.

Iberio	¿Quién creyera esta traición?
Fenicia	Ya la virtud se castiga.
Iberio	No sé, mi bien, cómo diga
	lo que siente el corazón.
	Y quiero, con tu licencia,
	mirar si este monte puedo
	subir; que es vencer el miedo,
	necesidad y prudencia.
Fenicia	Yo en este peñasco, en tanto,
	esposo, os aguardaré,
	y al mar agua le daré
	mientras tú a las peñas llanto.
(Vase.)	Mar desatado y loco,
	que estás entre ti mismo
	haciéndote pedazos,
	y a tu soberbia es poco;
	este profundo abismo
	en que extiendes tus brazos,
	pues has deshecho lazos,
	de mil amantes tiernos,
	y a mil fuertes caudillos,
	que te pusieron grillos,
	al parecer eternos,
	los quebraste y rompiste,
	ampara a aquesta triste,
	y a aquesta nave ingrata
	dala sepulcro entre coral y plata.
	Mas ¡ay de mí! un esquife
	cubierto de damasco
	y gallardetes bellos,
	aunque la mar se engrife

en forma de peñasco,
le peina los cabellos:
icielos, si son aquellos
que tanto mal me hicieron;
si se han arrepentido
y a librarme han venido!
¡Amigos! Ya me vieron,
y con espuelas de haya
se acercan a la playa;
ya en las arenas saltan
y el limpio pie de blanca espuma esmaltan.

(Lisbeo y otros.)

Lisbeo   Dos queden en la barquilla,
y en esta dorada arena
del mar, veré si es sirena
la que parece en su orilla.
   Mas es tan hermosa y bella,
que en esto agraviada ha sido,
si del cielo se ha caído;
amigos, aquesta estrella.
   Sobre las arenas de oro,
donde con plata el mar topa,
parecéis, señora Europa,
llevada del blanco Toro.
   Y en verla dorada y rubia,
Danae parecéis vos,
y la arena el bello Dios
trocado en dorada lluvia;
    y aun quiere amor que presuma,
y que aquí llamaros pueda
bellísima dama, Leda,
y el blanco cisne esta espuma:

             como le da Danae estrella,
             no llegan, señora, a vos,
             que sois bella para Dios,
             y para mujer muy bella.

Fenicia   Mujer soy en quien se encierra
             la desventura y pesar,
             y a quien no sufre la mar,
             y a quien persigue la tierra.
                Y es tanta mi desventura,
             que el mar que miras aquí,
             diciendo está mal de mí,
             y parece que murmura;
                pero pues Dios, caballero,
             y el mar sobre estas arenas
             os trae a sentir mis penas,
             saber de tus labios quiero
                dónde estoy, qué tierra miro;
             que este monte, al cielo atlante,
             es a la vista un diamante
             si al mar parece un zafiro.

Lisbeo   Quisiera poder, señora,
             lo que me pedís hacer,
             mas poderme detener
             imposible será ahora.
                Mas en mi esquife sabréis
             en la provincia que estáis,
             e imaginad que llegáis
             donde servida seréis
                en alta mar.

Fenicia   ¿Cómo? Aguarda
             que venga mi esposo.

Lisbeo	¿Dónde le tienes?
Fenicia	Señor, se esconde tras aquella peña parda.
Lisbeo	¿Qué fue a buscar?
Fenicia	Fue a buscar poblado, senda o camino, y pues tu clemencia vino a ampararnos...
Lisbeo	Vaya al mar.
Fenicia	¿Sin mi esposo?
Lisbeo	Sin tu esposo.
Fenicia	¡Señor!
Lisbeo	Caminad con ella.
Fenicia	¡Cielos! ¿Qué enemiga estrella, o qué clima riguroso, me persigue desta suerte?
Uno	¿A dónde iremos?
Lisbeo	Bogad, amigos, a la ciudad.
Fenicia	Mejor diréis a mi muerte.

(Vanse.)

(Petronia, infanta, y Rosanio.)

Petronia
>Mil años ha que deseo
>esta dulce soledad
>en que contigo me veo.

Rosanio
>Que gozo de tu beldad,
>no es posible, no lo creo;
>>dame una mano, señora,
>>aunque amanezca la aurora
>>de envidia llorando el día
>>la suerte y ventura mía.

Petronia
>La mano y el alma toma.

Rosanio
>>¿Qué, en efecto, ya me das
>>del alma la posesión?

Petronia
>Dueño del alma serás.

Rosanio
>Macaria y Fronibo son
>los que vienen, pues, atrás;
>>en parte oculta, escuchemos
>>lo que dicen.

Petronia
>>>Dices bien.

(Macaria y Fronibo.)

Fronibo
>Pues estas yedras que vemos
>se abrazan y quieren bien,

	envidia y celos las demos.
Macaria	Ya sabes, Fronibo mío, que te adoro, y que el secreto del alma apenas lo fío; y pues eres tan discreto, de tu prudencia confío más recato, no por mí, que estos árboles que al cielo quieren atreverse así, son mudos para el recelo que puedo tener aquí; pero por el rey, que quiere coronarme en la ciudad, y desto su bien se infiere.
Fronibo	Mal podrá guardar lealtad quien de envidia y celos muere; ¿quién podrá tener paciencia de la ejecución de amor? ¿Quién podrá tener prudencia en su rabioso furor?
Macaria	Fronibo, dame licencia y entre tanto aqueste abrazo te entretenga.
Fronibo	Como dure un siglo, señora, el lazo.
Macaria	Porque tu bien se asegure, y que el tiempo acorte el plazo, procura darle la muerte a la Infanta, que yo al rey

    se la daré airada y fuerte.
Que amor, como es Dios, sin ley,
todas las leyes pervierte;
  que aunque trescientas mujeres
tiene el rey, me adora a mí
más que a todas.

Fronibo   Pues si quieres
que le dé la muerte aquí,
morirá.

Macaria   Es razón que esperes
ocasión.

Fronibo   Dices muy bien.

Macaria   Pide al tiempo y al amor
ocasión.

Fronibo   Ellos la den.
¡Ay mi bien!

Macaria   ¡Ay mi señor!

Fronibo   Vese en tus labios desdén.

Macaria   ¡Jamás!

Fronibo   ¡Júralo!

Macaria   Lo juro
a tus ojos y a tu amor.

Fronibo   Darte desdén no procuro.

Macaria   Segura me voy, señor.

(Vase.)

Fronibo   Y yo así quedo seguro.

Rosanio   ¿Tal infamia se consiente?
                    ¿A la dama de tu hermano
                    se atreve?

Petronia   Rosanio, tente,
                    que a mí me tomas la mano
                    y esotro lo calla y siente:
                       esto a venganza no obliga
                    como esotro.

Rosanio   Es cosa llana.

Petronia   Cada cual su estrella siga:
                    quiere tú del rey la hermana,
                    y él quiera del rey la amiga.

Fronibo   ¿No es Rosanio el que la mano
                    ase a Petrolia? ¡Sí, él es!
                    ¿Hay tal maldad? Mas es llano
                    que le habrán dado los pies,
                    pues la toma este villano.
                       ¡Vive Dios que ha de morir!

Rosanio   Al rey decírselo quiero.

Fronibo   Al rey lo quiero decir.

(Vase Fronibo.)

Petronia   Porque coronarte espero,
                  mi Rosanio, has de advertir
                    que importa que esta enemiga
                  muera porque quiere el rey;
                  que a esta sinrazón se obliga
                  que reine contra la ley
                  de la razón.

Rosanio   ¿A su amiga
                  quiere coronar por Reinar?

Petronia   Sí, amigo, que en la ciudad
                  solo la injusticia reina.

Rosanio   ¿Y que sufra esta maldad
                  el que sus cabellos peina
                    en zafiros y en diamantes?
                  Morirá aquesta mujer,
                  porque tus grandezas cantes.

Petronia   Y así vendremos a ser
                  ejemplo de los amantes.

(Vanse.)

(Danfanisbo, rey; músicos, criados, mujeres, y maestresala.)

Danfanisbo   Buena ha estado la comida.

Maestresala   A lo menos no se ha visto
                  comida tan bien servida.

Danfanisbo	No pensar donde yo asisto
que está el descanso en la vida;
ver desnudas cien mujeres
sirviéndome, ha aumentado
mis gustos y mis placeres;
cantad, si tenéis templado.
Músico	¿Qué quieres, señor, que cante?
Danfanisbo	Un tono alegre, y bailad
vosotras.
Uno	Haráse así.
Danfanisbo	Todo es fiesta mi ciudad;
a entrar Demócrito aquí,
riera: también cantad.
(Cantan:)	Gustos, bienes y alegrías
se acaban con nuestras vidas,
y hasta que venga la muerte,
pasemos la vida alegre.
Marcio	A tus pies, gran señor, vengo
a demandarte justicia
de un agravio a tu corona,
mas que no a las canas mías.
Un mozo inconsiderado
hoy, citando partido el día,
en medio del cielo el Sol,
y de oro el cielo matiza,
entró en mi casa, y por fuerza,
la honestidad de mi hija
violó con mano aleve,

	sin temer leyes divinas.
Rey	¿Qué hizo?
Marcio	Robó su honor.
Rey	¿Pues adónde le tenía?
Marcio	En el alma que es el templo en que el honor se eterniza.
Rey	¿Pues para qué le guardaba, o para qué le quería, viendo que todo se acaba? Oye, aquesta letra, y mira la verdad; que este es engaño, y es embeleco y mentira.
(Cantan:)	Gustos, bienes y alegrías se acaban con nuestras vidas, y hasta que venga la muerte, pasemos la vida alegre.
Marcio	Mira que aquel mozo ingrato, señor, deshonró a mi hija en presencia de mis canas: hazme, gran señor, justicia.
Rey	Tu hija, ¿qué dice?
Marcio	Llora.
Rey	Vuelve, y dila que se ría, porque matan a los hombres

                    llantos y melancolías;
                    y tú ríete también,
                    y el mozo premio reciba
                    a su atrevimiento; canten;
                    que me agrada la letrilla.

Marcio   Esta es la ciudad sin Dios;
                    pues en ella no hay justicia,
                    venga de Dios el castigo.

(Vase.)

(Sale Lisbeo.)

Lisbeo   Dame esas manos invictas.

Rey   ¿Qué hay, capitán?

Lisbeo   Ya obedecen
                    tu nombre varias provincias,
                    y tus estandartes quedan
                    en tus ciudades y villas.
                    Degollé infinita gente,
                    porque entre gustos vivían,
                    y puse fuertes soldados,
                    columnas de tu milicia.
                    Todo de tu nombre augusto
                    tiembla, y en láminas ricas
                    de rubios bronces, eternas
                    serán como tus cenizas.

Rey   ¡Hola! ¿Qué hacéis? ¿No cantáis?
                    Que el tono a cantar obliga;
                    ea, capitán, que es bueno

	el tono de esta letrilla.
(Cantan:)	Gustos, bienes y alegrías, etc.
Macaria	Tarde he llegado a las fiestas.
Rey	Hermosa señora mía, dame esos brazos y ocupa a mi lado aquesta silla.
Macaria	¿No es Lisbeo, gran señor este que está de rodillas?
Rey	Viene triunfando, señora, de naciones enemigas; es valiente capitán y venturoso en conquistas premia, señora, sus hechos.
Macaria	Deme memorial, y pida por tus servicios; que yo ya dellos tengo noticias; y ahora canten, señor; que ver el baile quería.

(Cantan otra vez lo mismo.)

Rey	Baila capitán. ¿No bailas?
Lisbeo	¡Que esto los cielos permitan! ¡Que esto se haga conmigo! ¿Quién quieres, Rey, que te sirva? Honra a los que te den honra, pues tan mal los premios miras.

	Cuando traigo en bronce al pecho hechos y hazañas escritas, que en si escriben los soldados a falta de coronista; ipides que premie mi espada una mujer, y tu amiga! ¡Vive Dios!
Macaria	Dadle la muerte.
Lisbeo	Y buscarás quien te sirva.
Rey	De la ciudad desterrado salga, pena de la vida.
Lisbeo	¡Señor!
Rey	Caminad con él, y matadle si replica.
Lisbeo	Esta es la ciudad sin Dios, pues a los buenos castiga.
Macaria	Vengo del jardín, señor, donde he estado entretenida muy bien un rato, mirando los alabastros y pilas; que después que me has mandado que en tus consejos presida, ando cansada.
Rey	¿Y qué leyes se guardan con mi justicia?

Macaria	He mandado desterrar del reino la medicina; que empeñaban los estados sus mulas y sus sortijas; que esos, gran señor, que ves con barba peinada y limpia, son hombres que los pagamos porque nos quiten la vida.
Rey	¿Y qué otra cosa has mandado?
Macaria	Que salgan dentro de un día del reino todas las viejas que de sus caras se olvidan.
Rey	Pues ¿por qué?
Macaria	Porque encarece el arrebol a las niñas; y ahora con tu licencia voy al Consejo, y quería dar nuevas leyes al reino, derogando las antiguas.
Rey	¡Hola! Acompaña a Su Alteza, publicándole mis dichas.
(Cantan:)	Gustos, bienes y alegrías se acaban en nuestras vidas, y hasta que venga la muerte pasemos vidas alegres.

(Vanse todos y queda el rey.)

(Sale Fronibo.)

Fronibo   Pues en tan buena ocasión
solo a Vuestra Majestad
hallo, quiero, que es razón
descubrirle una maldad
y decirle una traición.

Rey   ¿Traición estando yo vivo?
¿Contra quién?

Fronibo   Contra tu honor.

Rey   ¿Qué es lo que dices, Fronibo?
¿Contra mi honor?

Fronibo   Sí, señor.

Rey   ¿De quién afrenta recibo?

Fronibo   De Rosanio.

Rey   ¿Pues por qué?
¿Es traidor Rosanio? ¿Quiere darme muerte?

Fronibo   No lo sé.

Rey   ¿Pues qué sabes?

Fronibo   Que se muere...

Rey   ¿Por quién?

Fronibo   Yo te lo diré;
sabrás, señor, que profana
el gran templo de tu honor.

Rey   No te entiendo.

Fronibo   Esta mañana
le vi en el jardín, señor,
abrazado con tu hermana.

Rey   ¿Con mi hermana?

Fronibo   Señor, sí;
mira si es traición.

Rey   Ve luego;
llámale.

Fronibo   Él viene aquí;
¡hoy, fiera envidia, sosiego
si deste me vengo así!

(Sale Rosanio.)

Rey   Rosanio, ya la verdad
se sabe, y que de mi hermana
eres galán.

Rosanio   Tal maldad...
quien lo dijo miente.

Rey   La muerte le dad
 si niega.

Rosanio   Ya sé, señor,
quién lo ha dicho; y así, aquí
quiero confesar mi error;
verdad es.

Fronibo   Hoy muero aquí,
y así el rey le hace favor.

Rey   Rosanio, yo no sabía
que eras hombre tan honrado;
mas pues veo tu osadía,
tu deseo y tu cuidado,
que aspira a la sangre mía,
   a mi lado darte asiento
quiero, y esto no te asombre;
siéntate, amigo, contento,
que estimo mucho que un hombre
tenga tan buen pensamiento.
   Dice Fronibo que estás
de mi hermana enamorado;
y ahora que sé que das
en intento tan honrado,
te quiero y te estimo más
   que te quise, es cosa llana;
y ahora tu pensamiento
mi premio y mercedes gana,
pues tienes atrevimiento
de querer bien a mi hermana;
   que si yo hombre humilde fuera,
a la reina me inclinara
cuando bien me pareciera;
que esto el ánimo declara
y el buen gusto que tuviera.
   El gusto a mi hermana allana,

                        pues te da fama y renombre,
                        y si a tu ruego es tirana,
                        ¡vive Dios! que yo, en tu nombre,
                        le dé un recado a mi hermana!

Rosanio   Estos pies me da a besar.

Rey   Ve, y prosigue en tus intentos,
                        que yo te prometo honrar;
                        que tan altos pensamientos
                        son muy dignos de estimar.

Fronibo   ¡Cielos, no sé qué me diga!
                        Queriendo a su hermana bien,
                        le honra y no le castiga;
                        si es así, quiero también
                        decir que quiero a su amiga.
                         ¡Señor!

Rey   ¿De qué estás turbado?
                        ¿Es porque he premiado así
                        a Rosanio, mi cuñado?

Fronibo   ¿Tu cuñado, señor?

Rey   Sí.

Fronibo   ¿Pues un humilde soldado
                           has de casar con tu hermana,
                        cometiendo un crimen tal,
                        que tu palacio profana?

Rey   Calla, que le quieres mal.

Fronibo   ¿Mal le quiero?

Rey   Es cosa llana;
    que si mal no le quisieras,
    el caso no me contaras
    y sus faltas encubrieras;
    y si tú a mi hermana amaras,
    también lo mismo quisieras.

Fronibo   Pues yo te pido perdón
    de otro delito.

Rey   ¿Y cuál es?

Fronibo   Que sin respeto y razón
    quiero...

Rey   ¿A quién?

Fronibo   ¡Señor!

Rey   Di, pues.

Fronibo   A Macaria.

Rey   Esta es traición,
    porque no puedo creer
    de hombre malicioso tal;
    que si supieras querer,
    no supieras hablar mal
    de la más baja mujer;
       porque es cosa cierta y llana
    que si a Macaria quisieras
    con ambición loca y vana,

    aquí no me descubrieras
los amores de mi hermana.
    Y en esto he echado de ver
tu envidia y firmeza poca,
pues con tu mal proceder,
has echado por tu boca
la muerte que has de beber.
    ¡Hola! ¡A una torre llevad
a este villano!

Fronibo   Si yo...

(Salen Rosanio y criados.)

Rosanio   ¿Por qué va preso?

Rey   Acabad,
que va preso porque habló;
y así, vosotros callad.

Rosanio   ¿Por qué va preso, señor,
Fronibo?

Rey   Para que calle,
y ahorcarle fuera mejor.
Rosanio: ya no sé en qué halle
gusto y contento mejor;
    ya los saraos me han cansado,
y ya me cansan las fiestas
que a mi gusto han consagrado:
las luchas y las apuestas
que en los templos se han ganado:
    ya los banquetes costosos
con que me sirven contino,

	donde en vasos olorosos brinda al apetito el vino tras los manjares sabrosos; y así, que busquéis quiero otros modos de placeres; que de tristeza me muero.
Rosanio	¿Tristeza habiendo mujeres?
Rey	Bien a las mujeres quiero; pero quiero que me des otros géneros de vicios.
Rosanio	¿Juegos?
Rey	Esos son después de hacer otros ejercicios. Ven acá; ¿qué gusto es el murmurar?
Rosanio	Alabar le suelen todas las gentes; es vicio tan singular, que aun las plantas y las fuentes se alegran con murmurar.
Rey	¿Y el mentir?
Rosanio	Este ejercicio es causa de mil desastres; todos lo tienen por vicio, mas solamente los sastres lo aprenden como su oficio.

Rey	Y la vida picaresca, ¿es gustosa?
Rosanio	Es extremada; de verano es ancha y fresca, de invierno, en parte, templada; sigue la jábega, y pesca. 　El que aquesta vida vive. Come y duerme donde quiere, jamás responde ni escribe, jamás con veneno muere, ni sobresaltos recibe. 　No le desvela el agravio ni le ofende la privanza, no pende de ajeno labio: conténtale lo que alcanza, y así vive como sabio; 　no teme, cobra, ni debe.
Rey	¡Por Dios que esta vida es bella!
Rosanio	Y la que a mí más me mueve.
Rey	No hubiera vida como ella si estos bebieran con nieve. 　Ven acá; de ser ladrón tengo deseo; ¿no es gusto?
Rosanio	Sí, mas para en procesión.
Rey	Esta noche, aunque es injusto, pues la oscura confusión 　nos convida, salir quiero con algunos disfrazado,

	a robar, y entrar primero
en mi palacio.
Otro	Es sagrado.
Rey	Pues yo profanarle espero,
que en la república son
necesarios los ladrones,
porque el temer de un ladrón,
da cuidado en ocasiones.
¿Qué rumor y ronco son
es aquel?
Criado	Lisbeo fiero,
gran señor, acompañado
de grueso ejército entero,
llega a tu palacio, armado
de horror, espanto y acero;
que porque mal le trataste,
y después de haber vencido,
vencedor le desterraste,
este alboroto ha movido.
Rey	Pues su soberbia contaste.
Rosanio al momento voy:
persíguele hasta matalle;
que mi potestá te doy.
Rosanio	Yo voy a desbaratalle
y a que conozca quien soy.
Rey	¿Qué hay de mujeres?
Delio	Señor,

	dos viudas y dos casadas,
	de calidad y de honor,
	han traído.

Rey	Ya me enfadas:
	¿posible es que en el amor
	no hay novedad?

Delio	Cosa es llana;
	ama a tu madre.

Rey	Es ya vieja.

Delio	Ama, señor, a tu hermana.

Rey	Bien tu ingenio me aconseja;
	luego su gusto me allana.

Delio	No la quiso perdonar:
	yo voy a hablar a su Alteza.

Rey	Ve, que por el variar
	es bella naturaleza
	y el gusto suele aumentar.

Delio	Si es tu hermana, caso es justo
	señor, que os améis los dos.
	No hay Dios que se llame injusto.

Rey	¿Qué no hay Dios? ¿Qué cosa es Dios?
	En Nínive es Dios mi gusto;

(Armas. Criados.)

(Sale Iberio, de pieles vestido.)

Iberio   Soberbias, altas y encumbradas peñas
que lloráis mis desdichas; claras fuentes,
que, murmurando, bajan vuestras breñas;
cristales que cuajáis vuestras corrientes,
y mi dolor mostráis sentir por señas;
arenas no habitadas por las gentes;
mar de espalda soberbia y espumosa,
¿quién me ha escondido mi querida esposa?
   Así no lleguen naves avarientas
a los senos ocultos de tus conchas
a robarte el tesoro que sustentas
en tu blanco coral sangriento a ronchas;
y así goces tus casas opulentas,
hechas de los cristales que destronchas
de los escollos de tu frente hermosa,
que me des nuevas de mi amada esposa.

(Salgan Lisbeo y Fenicia.)

Lisbeo   Si no puedes caminar,
yo te llevaré en los hombros;
que es el camino terrible
y los peñascos fragosos.
Todos mis amigos quedan
desbaratados y rotos;
que el escuadrón de Rosanio
nos ha contrastado a todos.
¡Ah, ciudad sin Dios aleve!
En lugar de blancos copos,
rayos caigan que te abrasen
los templos y capitolios;
y tú, Rey bárbaro y fiero,

	en vida y costumbres monstruo, plega al cielo que no goces la púrpura y cetro de oro.
Fenicia	Ya suenan las voces cerca; hasta encontrar con mi esposo, quiero engañar a este ingrato.
Lisbeo	Si me alcanzan, a tus ojos me han de hacer dos mil pedazos, y no dejarte es forzoso.
Fenicia	Señor, aquí está un salvaje de traje y de aspecto tosco, cuya espalda y pecho cubre con antiparras de lobo, y este nos dará pasaje por entre enebros y chopos.
Lisbeo	Escóndete: no te vea, que eres mujer y él es monstruo, hijos de estos montes altos, y semidiós, en quien pongo dos vidas que van huyendo del poder de un campo todo. Dinos, si acaso lo sabes, alguna senda al fragoso corazón de esta montaña, porque mis contrarios oigo.
Iberio	Por el cristal de esta fuente, grillo de los pies del olmo, hay una senda que baja a una playa donde pocos

| | mortales jamás se han visto;
y es tan áspero y fragoso
el camino, que alcanzaros
ha de ser dificultoso;
si no siguiera mi suerte
yo bajara con vosotros.

Lisbeo   Dame estos brazos, amigo,
a quien ofrezco el retorno
de esta amistad algún día.

Iberio   Yo estas palabras te tomo.

Lisbeo   Pues toma aquesta sortija
para que sirva de abono
a mi palabra; que el tiempo,
aunque tiene pies de plomo,
alas tiene en las espaldas,
y camina como él propio.

(Vanse.)

Iberio   No se pierde el hacer bien,
id con Dios; que yo a mis ojos
voy a humedecer con llanto,
buscando el alma que adoro.

(Vase. Rosanio y Delio; Rey.)

Rosanio   Desbaraté la gente de Liberio,
y huyendo de mis manos con infamia,
¿qué selva quedará en el hemisferio,
   ni qué caverna que le esconda Idamia,
una mujer que dicen que en la orilla

  del mar sola la halló, como a otra Lamia?
   Se escapó por las peñas, que seguilla
apenas él podía, que sospecho
que Atalanta a sus plantas se le humilla.
   Al fin, dejando su escuadrón deshecho,
y él huido y sin gente, no ha querido
seguirle más.

Delio	De tan heroico pecho

no se esperaba menos, y has venido
a famosa ocasión.

Rosanio   ¿Cómo?

Delio   Que quiere
el rey, que por Macaria está perdido,
 como del caso esta verdad se infiere,
que le adoren por Dios. y en el palacio,
aunque esta ley a la razón altere,
 en un altar, que nunca admite espacio,
está para este efecto levantado,
donde la cornerina y el topacio
 sirven de claros ojos al brocado
que compone el dosel, ha de estar puesta,
en cuyo asiento Júpiter ha estado.

Rosanio ¡Miren qué Cintia o qué Diana honesta!

Delio Solo es Dios hoy del reino el que el rey nombra.

Rosanio Ya viene el rey, sin duda a hacer la fiesta,
 pues la música suena.

Delio   Al mundo asombra

                        tal novedad.

Rosanio   Callemos, que el rey viene.

(Salgan todos con ramos en las manos, el rey y músicos.)

Músicos   Tu Real Majestad en esta alfombra
                           le hará a la diosa el culto que conviene.

Rey   Todos por tierra a la inmortal plegaria
                        luego os postrad, y pues el cargo tiene,
                           con pompa y ceremonia necesaria,
                        las señas haga luego el sacerdote.

Sacerdotisa   Diosa inmortal de Nínive es Macaria.

Rey   El palacio la música alborote,
                        y vosotros, con himnos y canciones,
                        haced que su deidad la gente note.

(Cantan:)   Sacerdotisas hermosas,
                        con compás y con concierto
                        descubrid estas cortinas
                        con el debido respeto.
                        Y en tanto que se descubren,
                        desatad los dulces ecos
                        con el compás de la mano
                        a los dulces instrumentos.

(Suenan chirimías.)

Todos   ¡Viva la diosa Macaria!

Rey   Y salgan de todo el reino

	los dioses a quien se han dado los holocaustos e inciensos.
Curión	Vosotros a la gran diosa llegad, trepando y corriendo, y en presencia del altar luego os postrad por el suelo; luego con tres reverencias llegue el mismo rey, haciendo reverencia a la gran diosa, y sígale todo el pueblo.
Rey	¡Vasallos! Aqueste Dios es el que yo reverencio: reverenciadle vosotros, pena de eterno tormento.
Todos	¡Viva la diosa Macaria!
Macaria	Gran señor, yo os agradezco el honor que me habéis dado, y confesarle os prometo.
Rey	Sacerdotisas sagradas, pues veis que yo gusto dello, entretened a la diosa con bailes, danzas y versos. A la diosa hermosa tejed una trenza con vueltas y lazos, con saltos y vueltas. Formadla gallarda con mil continencias y con cabriolas

que el aire suspendan.
¡Oh! ¡Qué bien parecen
las colores bellas
en plumas mudanzas
que por serlo alegran!
Si está ya acabada,
volved a hacerla,
que es clavel la diosa
y el baile de perlas.
Así es nuestra vida,
que no llega apenas
a verse tejida,
cuando está deshecha.
Con vueltas y salvas
haced reverencias,
y decid al son de las castañetas:
¡Viva, viva la diosa bella!
¡Viva, viva y viva el rey,
que si santa es ella,
poderoso es él!

Macaria	Gran señor, con tu licencia quiero hacer audiencia ahora.
Rey	Tuyo es mi gusto, señora.
Macaria	¡Hola! Haced que entre la audiencia. ¿Por qué estás tú?
I	Porque dicen que hurté un ídolo de plata.
Macaria	¿Hurtástele? Verdad trata.

| | Verdad es, que no desdicen
mis labios lo que es verdad.

Macaria | ¿Por qué lo robaste?

| | Hallé
sola la estatua, que fue
suplir mi necesidad,
 pues deshaciéndola, di
a mis hijos y mujer
de vestir y de comer.

Macaria | ¿Luego eres casado?

| | Sí.

Macaria | Vaya libre, que un casado
pobre y con hijos, disculpa
tiene, y antes tiene culpa
el que la estatua ha labrado.
 ¡Bueno es que tenga ocupada
la plata desta manera!
La estatua fue bien robada.
 ¿Por qué estás tú?

II | Porque debo
y no lo puedo pagar.

Macaria | Si no puedes, ve a buscar
cómo pagar, que no es nuevo
 el no tener: yo permito
que salga de la prisión,
porque es mucha sinrazón
que hagan el deber delito.

	¿Y aqueste?
Rosanio	Porque mató a su mujer.
Macaria	¿Qué tiempo ha estado casado?
III	Veinte años. Celos pidió.
Macaria	Ve libre, que así conviene; que quien pudo esclavo ser veinte años de una mujer celosa, disculpa tiene. Y éste, ¿por qué está?

(Rosanio esté presente.)

Rey	Yo fui quien le ha mandado prender porque te quiso ofender.
Macaria	¡Cómo! ¿Este ofenderme a mí?
Rey	Dijo, mi bien, que te amaba.
Macaria	¿Amor es delito?
Rey	Sí es.
Macaria	Préndete a ti mismo, pues que me amas.
Rey	¡Sentencia es brava!

Macaria	Todo el pueblo, por mil modos,
	confiesa y dice, señor,
	que me quiere y tiene amor:
	bien puedes prender a todos
	los del pueblo si te infaman;
	que como me amas así,
	todos, por amarte a ti.
	todos a mí, señor, me aman.
	Y pues por ti me ama, es llano
	que tú le debes amar,
	y yo aquí le quiero amar
	dándole, señor, mi mano.
Rey	Pues merece tu favor,
	dásela y él la reciba.
Todos	¡La diosa Macaria viva!
Macaria	¡Y viva el rey mi señor!

Fin de la primera jornada

Jornada segunda

(Voces de mar, y sale Jonás, profeta, huyendo.)

Jonás   ¡Vaya el engañador! ¡Matalde! ¡Muera!
¡Oh, bárbaros sin ley, samaritanos!
¿Quién vuestra voz contra mi vida altera?
¡Para un viejo sin manos tenéis manos!

Todos   Si le alcanzáis, matadle.

Jonás   ¡Quién tuviera
alas en los dos pies, o en estos llanos,
aunque partiera en dos este horizonte!
¡Quién pudiera poner delante un monte!
    ¡Ah, Samaria cruel! ¡Ah, vil Samaria!
Niegue Dios el rocío a tus sembrados
y del cielo la hermosa luminaria
vista jamás de verde a tus collados!
¡El agua de tus fuentes necesaria,
se agote y seque, contra tus pecados
fuego llueven las nubes a la tierra,
y aunque busques la paz, vivas en guerra!
    Nocturnas aves con graznidos roncos
te formen siempre cánticos acerbos;
búhos te espanten con gemidos broncos
perros te aúllen y te bramen ciervos;
sílbente las lechuzas, y en los troncos
las grajas enfadosas, y los cuervos,
cuajando el aire, en ofenderte tercos,
noche vuelvan el día en negros cercos.
    Por mandado de Dios fui a predicarte,
y en lugar de imprimirse en ti mi cuento,
has querido, Samaria, amotinarte

      y dar tu voz contra mi vida al viento;
      en tus vicios, cruel, quiero dejarte,

(Aparece Dios sobre un arco iris, de medio cuerpo.)

        aunque no haga de Dios el mandamiento.
        Quédate entre tus sierpes, Vehemut fiera,
        que a ti no he de volver.

Voz   Jonás, espera.

Jonás   ¿Quién me llama?

Voz   Yo soy que el mundo abarco
      con mis dos pies que calzan los coluros.

Jonás   ¿Dónde estáis que no os veo?

Voz   Sobre el arco,
      que los ojos del cielo deja oscuros.
      Éste mostró mi paz, cuando en el barco
      primero entre los vientos mal seguros,
      un Patriarca vio tras el diluvio
      recamados los montes del Sol rubio.
       Aquel creyó, y creyendo, en agua pudo
      salvar el mundo; que la fe esto puede,
      y a ti dudando te faltó el escudo,
      donde no hay golpe que incapaz no quede.

Jonás   Señor, yo no he dudado, y si algo dudo,
      de aqueste reino mi dudar procede;
      que aunque en su oído vuestra voz se forme,
      ocupado lo tiene el vicio enorme.
       Prediquéle, Señor, y airado y fiero,

        en galardón me quiso dar la muerte,
y tu ley en aquel cobrar no espero;
su alma es con los vicios bronce fuerte:
a veces león fui, y otras cordero;
pero no pude de ninguna suerte
en su pecho imprimir tu ley divina;
que el deleite que es tierra a tierra inclina.

Dios   Pues tus voces, Jonás, no han sido parte
a reducir esta ciudad perdida,
vuelve tu rostro, y desde aquí te parte
a Nínive, que en vicios divertida
está también.

Jonás   ¡Señor!

Dios   No hay excusarte.

Jonás   Quitaránme la vida.

Dios   De tu vida
tengo cuidado yo, pues de mi mano
pende la vida del menor gusano.
   Diles que dentro de cuarenta días
hagan de sus errores penitencia,
pena de verse entre las manos mías,
en mi juicio, en la postrer sentencia;
haré que caigan de las nubes frías
guerra sobre ellos, sangre y pestilencia,
y si lloran su culpa en los cuarenta,
el premio y el perdón queda a mi cuenta.

Jonás   ¿Qué crédito, Señor, darán a un hombre
desnudo y pobre, como yo, esta gente?

             Un ángel enviad con que se asombre,
             y no enviéis un hombre que os afrente.
             ¿Qué calidad, qué fama, qué renombre
             tenéis, Jonás, para que un caso intente
             tan arduo? ¿Qué he de hacer?

Dios   ¿Qué estás dudando?

Jonás   Señor, yo tengo de ir.

Dios   Haz lo que mando.

(Cúbrese la apariencia: queda Jonás solo.)

Jonás   Si me escapé en Samaria de la muerte,
             a Nínive ¿a qué he de ir sino a otro tanto?
             Huir quiero a Sidón, y desta suerte,
             Nínive no podrá causarme espanto.
             Si es el brazo de Dios eterno y fuerte
             cada día le vence nuestro llanto;
             huirme quiero a la provincia Tiria,
             y envíe Dios sus ángeles a Siria.
                Cuatro caminos veo, ¿qué camino
             de los cuatro irá a Nínive? Dudando
             estoy; por este a huir me determino,
             que de la Siria más se va apartando.
             Mas ¿qué letras son estas, Dios divino,
             que en la arena están? Haz lo que mando,
             dicen las letras que borrar procuro;
             mas parece que están en bronce duro.
                No las puedo borrar, ¡válgame el cielo!
             Huiré por este, pues por la arena
             las mismas letras forma, haciendo el suelo
             blanco papel; mas esto Dios lo ordena.

             A Nínive quiero ir; pero recelo
             que han de matarme en Nínive. ¿Habrá pena
             que se iguale a la mía? No me entiendo;
             mas ¡ay! que si no voy, a Dios ofendo.
                Pero allí viene un hombre: él podrá darme
             lo que mi confusión ciega codicia,
             y hacia Tiro o Sidón podrá guiarme,
             si tiene de sus términos noticia;
             conmigo irá, si quiere acompañarme;
             en caballo de miedo o de codicia
             viene, sin duda, pues camina tanto.
             Dios os guarde.

(Un caminante, que es Demonio.)

Demonio   Y a vos el cielo santo.

Jonás   ¿Cuál, amigo, es el camino
             de Sidón?

Demonio   Este que al mar
             está, señor, más vecino,
             y yo os podré acompañar,
             que a Sidón también camino.

Jonás   ¿De dónde bueno venís?

Demonio   De Nínive llego agora.

Jonás   De Nínive, ¿qué decís?
             ¿Y a qué Dios Nínive adora?

Demonio   ¡Ay de mí!

Jonás	¿De qué os sentís?
Demonio	Solo en oíros nombrar a Nínive, el corazón quiso del pecho saltar.
Jonás	¿Pues qué ha sido la ocasión de vuestro enojo y pesar?
Demonio	Nínive, señor, es tierra tan mala, que la malicia en sus murallas se encierra: ni hay Dios, ni hay rey, ni hay justicia, ni hay virtud, que la destierra; ella es la ciudad sin Dios, y para buenos no es buena.
Jonás	Sin duda sois bueno vos, pues desterraros ordena.
Demonio	Aquí, para entre los dos, ¿sois de Nínive?
Jonás	No, amigo; solo sé que Dios le tiene prevenido un gran castigo, y que allá...
Demonio	Si no os conviene, no vais; porque soy testigo de las mayores crueldades que se han visto entre gentiles; no hicieron tantas maldades la ciudad de los pensiles

                    ni otras bárbaras ciudades:
                       y así, señor, si allá vais,
                    sin duda os darán la muerte
                    si en ser vicioso no dais;
                       id a Tiro y a Sidón
                    conmigo.

Jonás   Digo, que vamos
                    en buena conversación:
                    ¿qué está escrito en estos ramos?

Demonio   Letras son.

Jonás   Hebreas son.

Demonio   ¿Qué dice?

Jonás   Haz lo que mando;
                    mi muerte en las letras veo.

Demonio   ¿Quién es quien te está turbando?

Jonás   Es el Dios del pueblo hebreo,
                    cuya ley voy predicando:
                       manda que a Nínive vaya,
                    y yo, la muerte temiendo,
                    me escondo.

Demonio   En ella se ensaya
                    la crueldad; que está corriendo
                    sangre de justos su playa;
                       mas si tienes gusto de ir,
                    el camino que atrás dejas
                    va allá.

Jonás	No quiero morir; bien, amigo, me aconsejas, y yo te quiero seguir.
Demonio	Si estás de mi parecer, sígueme.
Jonás	Vamos los dos; que tu Orestes pienso ser; esta vez perdone Dios, que a Nínive no he de ver.

(Siquer y Lanfiro desnudos, uno con un grillo, otro con un pedazo de espada.)

Siquier	Gracias a Dios que nos vemos libres de tal sujeción.
Lanfiro	Quédate, infame prisión, que ya libertad tenemos; quédate, jaula de locos, inocentes pajarillos, donde solo cantan grillos, y si cantan, cantan pocos. Mar fiero, donde anegadas mil almas veo en tu espuma, y a donde un tajo de pluma corta más que mil espadas.
Siquier	¿Ahora en darle epítetos a la cárcel te detienes? Ven presto, que si no vienes, quizá en mayores aprietos

                nos veremos otra vez,
                porque nos viene siguiendo
                todo el mundo, a lo que entiendo;
                que dar la muerte a un juez,
                   no es delito que no pide
                digna venganza.

Lanfiro   Pasemos
                al monte, y en sus extremos,
                pues ninguno nos lo impide,
                   no faltará alguna cueva,
                que nos dé mudo aposento,
                y compraremos sustento,
                del que seguro le lleva,
                   a precio de miedo infame.

Siquier   Y al primero que encontremos,
                los vestidos quitaremos,
                aunque su sangre derrame.

Lanfiro   Pues que supimos romper
                la prisión, no habrá imposible
                que no rompamos.

Siquier   Terrible
                rumor suena.

Lanfiro   Podrá ser
                la justicia.

Siquier   Pues huyamos;
                aquí escondidos veremos
                si es la justicia.

Lanfiro Busquemos
lo oculto de aquestos ramos.

(Escóndense, y salen Jonás y el caminante.)

Jonás Después de haber caminado
más de cuatro leguas largas,
dices que de aquí al lugar
ocho por andar nos faltan.
Cansado estoy: ya los pies
apenas pueden la carga
sustentar; que es todo tierra,
y así a su centro le baja.

Demonio A esotra parte del río
está el lugar, que sus aguas
a sus ricos edificios
sirven de muros de plata.

Jonás ¿Hay puente para pasalle?

Demonio No, que se pasa con barca;
aunque es de curso tan pobre,
que por el vado le pasan.
Quiero llegar, y ver quiero
si a esta parte nos aguarda
o en la otra: mas no veo
barca ninguna amarrada.
Sin duda se la ha llevado
el río, que cuando asalta
los límites de su arena,
hasta las piedras arranca.
La noche viene corriendo,
y es forzosa mi jornada,

	y detenerme no puedo;
	que quiero ganar un alma.
Jonás	Alma, ¿cómo?
Demonio	Si pasamos
	el río, verás ganalla;
	que está en pasar solamente
	su ventura o su desgracia.
Jonás	Ventura y desgracia, ¿cómo?
Demonio	Llevo, señor, una carta
	a gran prisa, y si no llego
	antes que amanezca el alba,
	ha de perderse.
Jonás	¿Por qué?
Demonio	Quiero decirle la causa:
	yo soy criado de un rey,
	cuya majestad es tanta,
	que las tres partes del mundo
	casi en su nombre idolatran.
	Fue hermoso como el lucero
	que sale en conchas de nácar
	vertiendo en los campos risa
	cuando el Sol su frente saca.
	Pero de una enfermedad,
	de una caída causada,
	perdió la hermosura toda,
	y está tan feo que espanta.
Jonás	¿De dónde cayó?

Demonio   Cayó
de un monte, saliendo a caza;
que era el caballo soberbio,
y fue del caer la causa.
Quiso sentarse en la cumbre
del monte: el caballo agravia
con los pies en los ijares,
y el caballo se abalanza
con su soberbia a subir,
y las manos y pies alza,
y perdiendo los estribos,
cayó el rey, que dio de espaldas
en lo profundo del valle,
sin hermosura y sin habla.
Diéronle unas calenturas,
que un momento no le faltan,
y desde aquel punto vive
siempre en partes abrigadas.
Este rey al fin pretende
a una hermosísima dama,
la cual, porque está tan feo,
le aborrece y le difama.
Él le ofrece sus trofeos,
sus riquezas y sus galas,
y su reino finalmente,
para poder conquistalla.
Y en esta carta que llevo,
dice que si no lo alcanza,
se ha de matar, aunque pierda
el alma.

Jonás   ¡Extraña desgracia!

Demonio   Al fin la carta, señor,
es cierto que ha de ablandarla,
a trueque que no se pierda
el alma.

Jonás   ¡Mujer ingrata!

Demonio   Pasemos, por vida vuestra,
por el vado, pues las blancas
guijas se ven como dientes
por donde las aguas hablan.

Jonás   Yo no me atrevo.

Demonio   Yo iré
delante y a mis espaldas
os pasaré.

Jonás   No me atrevo.

Demonio   Pues yo vadearé las aguas
para que paséis sin miedo,
o aguardad: mirad si bastan
estas corrientes a hundir
a un hombre: venid.

(Hace que entra en el río.)

Jonás   Aguarda;
mas unas letras de fuego
veo en las aguas formadas,
y aunque son de fuego todas,
el agua no las apaga.
Haz lo que mando me dicen:

¡vive Dios que he de borrarlas
con esta piedra, enturbiando
las corrientes ondas claras!
Pero parece imposible
borrarlas.

Demonio   Amigo, pasa;
que a la rodilla no llega
el agua corriendo mansa.

Jonás   Yo soy.

(Dentro dan voces.)

Demonio   Mas ¡ay! que me ahogo,
no pases.

Jonás   ¿Quién me lo manda?

Dios   Este anegarte quería.

Demonio   Y este por mi mal te guarda.

Jonás   Hundióse el hombre, y del cielo
cayó un rayo, cuyas llamas,
las aguas han confundido.
¡Desgracia y desdicha extraña!

(Húndese el río y lo demás, y salen Sicar y Corfino.)

Sicar   Pues estamos satisfechos
que no es justicia, las ramas
dejemos, y estos nos dejen
las espadas y las capas.

Corfino	Quedo, que es un hombre solo.
Sicar	¿Un hombre solo y sin armas?
Corfino	¿De qué nación?
Jonás	Soy hebreo.
Corfino	Bien lo dicen traje y barba.
Sicar	Ea, desnúdate, viejo.
Jonás	¿En qué este viejo os agravia?
Sicar	Haz lo que mando.
Jonás	Señores...
Corfino	Haga, pues, lo que le mandan; quítese el manto.
Jonás	En buen hora.
Corfino	Y la túnica.
Jonás	¿No basta el manto?
Corfino	Haz lo que te digo.
Sicar	Haga aquí lo que le mandan. ¿Tiene dineros?

Jonás   No tengo,
sino es en la barba, blanca.

Corfino   ¿Pues sin dineros caminas?
¡Vive Dios!

Sicar   Tente; que basta
dejarle solo y desnudo.

Corfino   ¿Dónde va por las montañas
un viejo y a aquestas horas
sin camino?

Sicar   Alguna causa
debe de tener el viejo,
pues del camino se aparta.

Jonás   ¿Luego no voy por camino?

Sicar   ¿No lo veis?

Jonás   Yo caminaba
agora por un camino
ancho y de hermosura extraña.

Corfino   Una industria se me ofrece,
que nuestras vidas ampara:
pongámosle a este estos grillos,
y si por suerte le alcanza
la justicia, imaginando,
viéndole así, entre estas plantas,
que es alguno de nosotros,
entendiendo que nos hallan,
a Jopé le volverá.

Sicar   Dices bien.

Jonás   ¿Por qué a mis canas
(Pónenle los grillos.)   no respetáis; que a los viejos,
                 los brutos respeto guardan,
                 señores?

Sicar   Haz lo que mando.

Jonás   Solo con estas palabras,
                 cada vez que me las dices,
                 me atormentas y me matas.

Corfino   Ya los grillos puestos tiene.

Jonás   La muerte solo me falta.

Sicar   Entrémonos por el monte
                 antes que la Luna salga.

Corfino   El viejo vuelva a Jopé,
                 y haga allí lo que le mandan.

(Vanse.)

Jonás   ¡Buenas mis venturas andan!

(Salgan algunos hebreos.)

1   Rodeando el monte así,
                 no han de poder escaparse,
                 y presos han de llevarse
                 a Jopé.

| Jonás | ¡Pobre de mí!
Estos dos vienen buscando
a los que de aquí se han ido. |

| II | Por aquí nos ha traído
sin duda Dios: blanqueando
  tras de aquel árbol está. |

| II | ¡Mátale! ¡Mátale! ¡Muera! |

| I | ¡Ah traidor! |

| Jonás | ¡Detente! ¡Espera! |

| II | Para llevarte será
  a Jopé, donde te den
mísera muerte y castigo. |

| I | ¿Dónde está el otro su amigo,
que está culpado también?
  Que dos mil monedas de oro
gana el que preso os lleve. |

| II | ¿Cómo a mover no se atreve? |

| Jonás | ¡Guardad a viejo el decoro! |

| I | ¡Oh, ladrón viejo! ¿Y rompías
la prisión? |

| II | ¿Y en la vejez
le dabas muerte a un juez?
Dos mil muertes merecías. |

I	Aún puestos los grillos tiene.
Jonás	No soy yo a quien vais buscando.
II	Camina, y haz lo que mando.
Jonás	Esta voz misterio tiene. 　　Señor, ¿en qué os he ofendido que tanto me perseguís?
I	¿Ahora favor pedís, viejo infame y mal nacido?
Jonás	¡Dadme la muerte los dos!
II	En Jopé te harán morir.
Jonás	¿Pues a Nínive he de ir aunque me lo mande Dios?

(Llévanle.)

(Lisbeo y Abisén, rey, salen.)

Lisbeo   Con tus palabras a vengar me incitas
deste bárbaro pueblo y rey tirano.
Ya te digo que están los ninivitas
sepultados en gusto y ocio vano;
y como me consientas y permitas
que enarbole, señor, en esta mano
el águila imperial de tu estandarte,
Cupido y Venus temblarán de Marte.
　　Después de haber vencido y conquistado

    una provincia rebelada y fiera,
y haber sobre sus muros levantado
sus armas y mi nombre en su bandera,
me mandó que saliese desterrado,
sin premio, sin honor, de esta manera;
alborotóse el pueblo en mi defensa,
mas pudo más su multitud inmensa.
    Que como el vicio reina, y es el vicio
el padre universal de todo el mundo,
y a quien queman los hombres sacrificio,
siguieron muchos su furor profundo;
y como la privanza es artificio,
y yo en servir y no en privar me fundo,
me he escapado, señor, de aquesta suerte,
y fue ventura no encontrar la muerte.

Abisén   Lisbeo, estos altivos galeones,
fabricados en brea y blanca espuma,
que parecen soberbios torreones,
de mi venganza escribirán la suma.
Esta dirán corriendo a los tritones,
y sin pluma a los pájaros con pluma;
y yo en ellos, armado de mi agravio,
veré a su honor el turquesado labio.
    Vengaréme del rey, cuya malicia
ha sido tal, que mi deshonra topa,
pues sin ser toro, me robó a Fenicia,
imitando la fábula de Europa.

Lisbeo   ¡Válgame Dios!

Abisén   Pondrále mi justicia
temor y espanto, y clavaré en mi popa
por farol su cabeza, y por sus ojos

saldrá la luz, de mi furor despojos.

Lisbeo Que te robó a tu hermana es caso cierto.

Abisén Por orden suya entraron cinco naves
como pavones, ocupando el puerto,
dando envidia sus velas a las aves;
y él, me dicen, Lisbeo, que encubierto
con obras locas y palabras graves,
mi hermana me robó, que a ver la pesca
salió una tarde a la ribera fresca.
　Iban con ella cuatro damas solas,
y dos viejos ancianos escuderos
en un esquife, que en rizadas olas
se recreaba con los pies ligeros,
tendiendo luego sus hinchadas colas;
aquellos monstruos y gigantes fieros
de espuma y viento, vieron sus arenas,
a pesar de tritones y sirenas.
　Y pues me dices que en el ocio infame
vive el rey y su gente, al viento demos
mi gruesa armada, aunque oprimida brame,
y en sus playas espanto sembraremos;
a embarcar el metal incite y llame,
y munición y gente convoquemos,
y a ti te hago mi lugarteniente,
para que mandes mi soberbia gente.

Lisbeo Beso tus pies por la merced suprema
a que me has levantado, y te prometo
de hacer, señor, que tu estandarte tema,
poniendo sus murallas en aprieto.

Abisén Pues el agravio no consiente flema,

| | ordena la jornada, y en efeto
           pongamos mi venganza; zarpen luego,
           y cuaje el mar de tu venganza el fuego.

| Fenicia | Atenta escuchando he estado
           tu plática, y te confieso
           que si no he perdido el seso,
           la vergüenza lo ha causado.

| Lisbeo | Dame tus manos, señora,
           que en tu casto proceder,
           muy bien has dado a entender
           lo que he colegido ahora.
             Ya me acuerdo que aquel día
           que en la ribera te hallé
           del mar; tu valor y fe
           venció mi descortesía;
             y me acuerdo que dijiste
           que eras esposa de un hombre
           de reputación y nombre,
           y pienso que no mentiste.
             Y me acuerdo que queriendo
           ser tirano y descortés,
           entre unas peñas después,
           tus bellos ojos, vertiendo
             perlas y aljófares bellos,
           por guardar tu honestidad
           en aquella soledad,
           esparciendo tus cabellos,
             me pediste y suplicaste
           que enfrenase mi apetito,
           y al pecho el fuego infinito,
           con tus lágrimas templaste,
             conociendo ser mujer

	ilustre y noble en efeto;
	y así te guardé el respeto
	que otros pudieran perder.
	Y pues fui tan atrevido,
	que a tu esposo y tu señor
	te quité, viva tu honor;
	que en mí tendrá tu marido
	un escudo, que la vida
	perderé por tu defensa;
	y esto que es muy cierto piensa.
Fenicia	Pues la ocasión me convida,
	quiero que sepas, Lisbeo,
	mi feliz y triste suerte,
	y en mis desdichas advierte
	el gran poder de un deseo.
	Hermana soy de Abisén,
	Rey desta provincia bella,
	que la dividen de Arabia
	estas montañas soberbias.
	Pidióme para su esposa
	Ardinabel, Rey de Persia,
	afable y manso en las paces
	y prodigioso en las guerras.
	Pero temiendo mi hermano
	su valor y fortaleza,
	y que eran parte sus partes
	para usurparle sus tierras,
	no quiso, y él, ofendido
	de su bárbara respuesta,
	cubrió la tierra de espanto
	y los aires de banderas.
	Y tras de una clara noche,
	el alba, llorando perlas,

amaneció, dando aviso
del daño que verse espera.
Al fin, al subir del Sol,
vimos los prados y vegas
matizados de colores,
bordando una primavera;
y en medio de las escuadras,
en una persiana yegua,
monte de nieve de lejos
y blanco cisne de cerca,
con un bozal de oro fino,
lleno de borlas de seda,
cuyo color hurtó al cielo
para dar celosas muestras;
con un bastón en la mano
y una marlota de seda
turquí, llena de alcachofas
de plata cendrada y tersa,
al son de las dulces trompas
venía gallardo, y ella
parecía que danzaba
con saltos y con corvetas.
Tocó la ciudad al arma,
acudió el miedo a las puertas,
a las murallas los hombres,
las voces a las estrellas.
Cercados nos tuvo un año,
con tanta infamia y bajeza,
que se atrevió el hambre a entrar
al plato de nuestras mesas.
Pero los vecinos, tristes,
viendo que el daño se acerca,
despechados, salen juntos
una noche oscura y negra.

Desbarataron sus campos,
y él, con infamia y afrenta,
con cien hombres salió huyendo,
dejando sola su tienda.
Salió mi hermano al alcance,
y en más de veintiséis leguas
la sangre de los persianos
fue un mar a las gentes nuestras.
Quedó libre la ciudad,
y los que en muros y rejas
se escondieron, ya en el campo,
viéndose libres, se alejan.
A esta sazón, por el puerto
cinco naves extranjeras
entraron, haciendo salva,
de mil flámulas cubiertas.
Piensa el pueblo que otra vez
vuelve el contrario, y se apresta;
mas ellos, desde las gavias,
paz demandaron por señas.
Dijeron que eran amigos;
que el furor de una tormenta
les arribó a aquellos puertos,
faltos de sustento y fuerzas.
Preguntaron qué nación,
y nos respondieron que eran
ninivitas, que pedían
por hospedaje clemencia.
Diles licencia que entraran:
nunca licencia los diera,
que desta licencia, amor
se entró al alma sin licencia.
Luego, de la capitana
echan el esquife a tierra,

donde el Príncipe venía
cercado de su nobleza.
Vile entrar desde unos vidrios
de mi balcón, y fue fuerza
beber en ellos mi amor,
que se subió a la cabeza.
Viendo al Príncipe salir
de la mar por la ribera,
me pareció ver al Sol
tras las confusas tinieblas.
Entró a palacio a besarme
las manos, y dile en ellas,
Lisbeo, mi libertad,
y en los ojos mil ternezas.
Confrontáronse las almas
y entendiéronse las lenguas,
que hablan mucho siendo mudas
cuando quieren y desean.
Declaróme su pasión,
y yo la mía en respuesta,
y luego el respeto quiso
atreverse a mi grandeza.
Concertamos que una tarde
saliese yo a ver la pesca
con dos escuderos solos
y solas cuatro doncellas,
y que tendrían sus naves,
puestas a punta las velas,
porque hiriendo en popa el viento,
se escapasen con la presa.
Hícelo así, y él, a vista
de la ciudad, que me espera
por el muelle, y la marina
con regocijos y fiestas,

me roba y pone en su nave,
que pareció, en ligereza,
al águila del dios Jove,
que a Ganimedes se lleva.
Dio voces mi pueblo junto;
pero el mar, alzando fieras
de plata y de espuma cana,
en agua las voces mezcla.
Navegamos doce días
por zafiros y turquesas,
y al cabo dellos tocamos
de Nínive las arenas.
Y Danfanisbo, traidor,
que en ella entre vicios reina,
nos mandó sacar al punto
de aquella playa desierta,
porque le corrió fortuna,
con virtud y sin prudencia;
conmigo vivía, y él
así las virtudes premia.
Déjame el Príncipe sola
por buscar camino o senda;
tú en esta ocasión llegaste
y me llevaste por fuerza.
En Nínive me tuviste
cuatro días encubierta,
y contra tu voluntad
mi honestidad se conserva.
Y pues hasta aquí, Lisbeo,
no has manchado mi limpieza,
quiero que tus mismas manos
su escudo y mi amparo sean.
Y fío decirle a mi hermano:
con esta armada me lleva,

| | pues voy en aqueste traje
| | tan segura y encubierta,
| | que si a Nínive llegamos,
| | podrá ser que el cielo quiera
| | que con mi esposo encontremos,
| | y fin mis desdichas tengan.

Lisbeo   En mí, señora, tendréis
una defensa y escudo,
y en mis labios hallaréis
los de un Jenofonte mudo,
y un Pitágoras veréis.
   Con el debido respeto,
con esta armada, en efeto,
señora, te llevaré,
y el respeto igualaré
de mis labios al secreto.
   Y porque segura vayas,
no en la nave de tu hermano
verás las remotas playas
surcando por el mar cano,
las puntas, líneas y rayas,
   sino en otra nave, adonde
puedas ir más escondida,
aunque nada el tiempo esconde.

Fenicia   Puesta en tus manos mi vida
a quien eres corresponde.

Lisbeo   Ya las trampas en el muelle.
quieren que los hipogrifos
blanca espuma los estrelle,
y sus encrespados rizos
quieren que la armada huelle.

Fenicia	Pues que tocan a embarcar, vamos.

(Vase.)

Lisbeo	Saliendo del mar, después que sé que es hermana de Abisén esta tirana, la he de matar o forzar; con este hecho concluyo con mi suerte y mi malicia, y al rey su honor restituyo casándome con Fenicia y siendo cuñado suyo.

(Rosanio y Petronia, dama.)

Petronia	¿Al fin dice que me adora y me pretende?
Rosanio	Tu hermano.
Petronia	¿Mi hermano?
Rosanio	¡Calla, señora; que tu muerte y fin es llano con lo que dices ahora! Si mi dolor te provoca. ten la voz, la boca no abras, que al alma penetra y toca, y dan muerte tus palabras aunque salen por tu boca.

Petronia   ¿Siénteslo mucho?

Rosanio   El pesar
es tan grande y tan cruel,
que llegándole a explicar,
la mínima parte dél
pudiera el mundo abrasar.
    Y si su rigor te enseño
con ejemplos tan profundos,
mira si el pesar es dueño,
señora, de tantos mundos,
¿qué harán a un mundo pequeño?

Petronia   Pues cuando mi hermano fuera
de todo el mundo señor,
por tu amor le aborreciera,
que como es gusto el amor,
la calidad no pondera;
    y así pienso que será
vuestro amor más infinito,
si él gloria infinita da,
y el yerro de su apetito
el tiempo lo acabará.

Rosanio   ¿Cómo?

Petronia   Quiérome fingir
su enamorada, y al tiempo
que él pretenda conseguir
su deleite y pasatiempo,
le privaré del vivir;
    pues con cuchillo o veneno,
estando a solas los dos,
desde ahora le condeno.

Rosanio   Buen engaño.

Petronia   Amor, que es Dios,
              lo traza.

Rosanio   En extremo es bueno,
              y para que el rey esté
              engañado y satisfecho,
              finge luego.

Petronia   Yo lo haré;
              que soy mujer, y del pecho
              mujeril el fingir fue.
                  El Sol tiene movimientos,
              la Luna tiene mudanzas,
              rabia el mar, furia los vientos,
              el hombre tiene venganzas
              y la mujer fingimientos;
                  dijo a Sócrates un día
              un hombre, en cuyo poder
              el engaño hallar podría;
              y él respondió: En la mujer
              de quien el hombre se fía.

Rosanio   Por eso dese tirano
              monstruo jamás se fió,
              Dionisio siracusano,
              y a sus mujeres mostró
              temor bárbaro y villano.
                  Pues jamás durmió con ellas
              que no mirase primero
              los rincones, por temellas,
              y en parte andaba grosero;

　　　　　　　　que eran por extremo bellas.
　　　　　　　　　La mujer es un tesoro,
　　　　　　　　de quien los hombres son Midas;
　　　　　　　　es un fingido decoro,
　　　　　　　　y en nuestras humanas vidas,
　　　　　　　　es veneno en vaso de oro;
　　　　　　　　　es una furia infernal,
　　　　　　　　aunque tiene de ángel nombre;
　　　　　　　　es un ingrato animal,
　　　　　　　　que cuando no puede al hombre,
　　　　　　　　a sí misma se hace mal;
　　　　　　　　　es un tirano poder
　　　　　　　　que nuestras vidas condena,
　　　　　　　　y al fin su imperfecto ser
　　　　　　　　no tuviera cosa buena,
　　　　　　　　si tú no fueras mujer.

Petronia　　　　　Bravamente mal la quieres.

Rosanio　　　　　No tiene cosa mejor
　　　　　　　　el mundo, que las mujeres,
　　　　　　　　y tiene tanto valor,
　　　　　　　　solo porque tú lo eres.

Petronia　　　　　　No dirá aquesto mi hermano
　　　　　　　　si penetra mi traición.

Rosanio　　　　　¿Finges al fin?

Petronia　　　　　　　　　　　Es muy llano,
　　　　　　　　que el engaño y la traición
　　　　　　　　puso el tiempo en nuestra mano.

Rosanio　　　　　　¿Cómo figuras?

Petronia					Así.
						Ufana de mi grandeza
						estoy desde que te vi,
						esclava soy de tu alteza:
						si tanto bien merecí.
						    ¡Ay, mi bien! ¡ay, mi señor!
						¿Posible es que he merecido
						tantas grandezas de amor?
						Dame una mano, que pido
						por merced y por favor.
						    ¡Ay Dios, qué dulces despojos!
						Pondréla, aunque tú no quieras,
						en la niñas de tus ojos.

Rosanio					Yo pienso que hablas de veras;
						que es la mujer toda antojos.

Petronia					 Daréle de cuando en cuando,
						estando a solas los dos,
						un abrazo suspirando.

Rosanio					Basta, señora, por Dios,
						que me das celos burlando.

Petronia					Estos son celos injustos.

Rosanio					Antes los puedo llamar,
						con justicia, celos justos;
						que a solas el abrazar,
						es la puerta de otros gustos,
						    y más viendo que aunque estás
						conmigo, nunca un abrazo
						ni una ternura me das.

Petronia   Toma, si con este lazo,
                    bien mío, contento estás.

(Abrázale. Danfanisbo entre, y Delio.)

Danfanisbo   No llego a buena ocasión:
                    que está mi hermana ocupada.

Delio   Tomando está posesión
                    de la merced alcanzada,
                    Rosanio.

Rosanio   Estos brazos son,
                    Luna hermosa, en quien se encierra
                    tu Sol, que en rayos benignos
                    quiere ennoblecer mi tierra,
                    y en ella los doce signos
                    meten paz y me hacen guerra.
                        Aries muestra la piedad
                    destos dos labios que adoro;
                    Tauro, firmeza y lealtad;
                    Géminis, en niños de oro,
                    amor y eterna amistad;
                        Cáncer, el fuego en que veo
                    que se arde mi corazón;
                    y de mi dichoso empleo,
                    la fortaleza el León;
                    Virgo, tu casto deseo;
                        Libra, la mucha igualdad
                    de nuestro amor voluntario;
                    Escorpión, la crueldad
                    de mis celos; Sagitario,
                    las flechas de tu beldad;

	Capricornio, los antojos
	del retrógrado en tu eterno
	amor por causarme enojos;
	Acuario, el confuso y tierno
	de la lluvia de tus ojos;
	   Piscis muestra y representa
	un mar de gusto y pesar,
	en que el alma se sustenta;
	que en la inconstancia del mar
	hay bonanza y hay tormenta.
	   Estos doce signos bellos,
	en la zona de tus brazos,
	están siendo tú el Sol dellos:
	deja que viva en tus lazos
	aunque me abrase con ellos.

Danfanisbo	Ya no los puedo escuchar: aplacar quiero esta guerra.
Delio	Llégalos, señor, a hablar.
Danfanisbo	Estando el Sol en la tierra; ¿quién se deja de abrasar? Si a Rosanio has abrasado, que es tierra que amar deseas, también tus rayos me han dado.
Rosanio	¡Ay sombra, maldita seas, que mi nombre has eclipsado!
Danfanisbo	Rosanio ponte a esta puerta mientras Petronia, mi hermana, mi amor y gustos concierta.

Rosanio   ¡Cielos, si ha de ser liviana
                 mi mujer, mi muerte es cierta!

(Vase.)

Danfanisbo   Las novedades de amor,
                 hermana, placen al gusto,
                 que es para el alma mejor,
                 y pues es caso tan justo,
                 que me hagas algún favor,
                    en esta ocasión te pido,
                 que si otro te ha de gozar,
                 yo, que tu hermano he nacido,
                 merezca el primer lugar,
                 pues en nacer le he tenido;
                    que, ¿quién mejor que tu hermano?
                 te puede a ti merecer?
                 Dame una mano.

Rosanio   ¡Señor!

(Pónese en medio de los dos.)

Danfanisbo   ¿Qué quieres?

Rosanio   Que está Macaria
                 a la puerta y quiere entrar.

Danfanisbo   Entre, entre, dejalá.

Rosanio   Haré que a la puerta espere.

Danfanisbo   Ven, verás cómo me da
                 mi hermana la mano.

Petronia   Tuya ha de ser.

Danfanisbo   ¡Dichosa suerte!

Rosanio   Macaria viene.

Danfanisbo   Concluya
          hoy su vida con su muerte,
          Rosanio, sin que se arguya
             de mí que quiero ni adoro
          desde hoy a mujer humana,
          sino a mi hermana: el decoro
          de Dios la den a mi hermana,
          y en altar estatuas de oro.
             Dame un abrazo.

Petronia   Señor,
          el alma tu gusto aprueba.

Danfanisbo   ¡Oh, soberano señor!
          Rosanio esta noche lleva
          a mi hermana, sin rumor,
             a mi aposento.

Rosanio   Primero
          has de dar muerte a Macaria.

Danfanisbo   ¡Muera luego!

Rosanio   ¡Ah, suerte varia!
          ¡Ah, celos! ¡Tormento fiero!
             Para que Macaria muera,
          sálgase de aquí Su Alteza.

83

Petronia   Yo quiero salirme afuera.
                  ¿Finjo bien?

Rosanio   Mucha terneza
                  muestra. ¡Morir no quisiera!

(Vase Petronia.)

Danfanisbo   Ven acá. ¿Con qué invención
                  podremos darla la muerte
                  a Macaria sin traición?

Rosanio   Con una extremada; advierte
                  y aprobarás mi intención:
                     Desvelándome anoche, imaginando
                  nuevos modos, señor, de darte gusto,
                  vino a mi entendimiento un modo extraño
                  de gusto y novedad que tú codicias.

Danfanisbo   ¿De qué suerte?

Rosanio   Señor, dar de repente
                  la muerte a un hombre; es cosa de gran gusto,
                  porque muere diciendo mil blasfemias
                  y haciendo mil visajes y posturas,
                  que provocan a risa y son de gusto.

Danfanisbo   Extraña novedad, y me ha agradado
                  por lo que es novedad. Si entra Macaria,
                  dala luego, Rosanio; que ver quiero
                  su muerte con donaire, que le tiene
                  en todo cuanto intenta.

Rosanio   Delio viene.

Danfanisbo   En él empieza.

(Dale Rosanio con la daga, y sale Delio.)

Delio   ¡Gran señor! ¡Ah, fiero!
                  ¡Oh, rey, tirano! ¡Ay, Dios!

Danfanisbo   ¡Por Dios que es gusto!

Rosanio   ¿No viste los visajes que va haciendo?

Danfanisbo   Gusto me ha dado a fe.

Rosanio   Macaria sale.

Danfanisbo   Primero que ella salga, he de ver cómo
                  mueres tú.

Rosanio   ¿Yo, señor?

(Dale el rey de puñaladas.)

Rosanio   ¡Rabiando muero!

Danfanisbo   Pide a mi hermana que te dé la vida.
                  pues ella te adoraba y la adorabas.

Rosanio   ¡Sus celos me dan muerte!

Danfanisbo   ¡Oh qué bien mueres!
                  Ninguno con tan buenos ademanes
                  ha muerto; como tú culpa tuviste,

mueres en la invención que me trajiste.

Fin de la segunda jornada

Jornada tercera

(Ruido de mar, como se anega un bajel. Voces de dentro. marineros y Capitán.)

Marinero I   ¡Cielos, que nos perdemos!
              Los vientos gimen y los mares braman,
              y desde sus extremos
              las aguas por el mundo se derraman!
              que en diluvio segundo
              pienso que quiere el cielo hundir el mundo.

Capitán   ¡Maina aquesa escota,
              que el timón se ha rompido!

Todos   ¡Maina, maina!

Capitán   Mas el mar se alborota,
              y Orión el estoque desenvaina,
              y este monstruo marino,
              como ha perdido el norte, pierde el tino.

Marinero II   Esta tormenta fiera
              no es natural, que tiene algún misterio.

Capitán   Según el mar se altera,
              bañar quiere de espuma el hemisferio,
              que excediendo su playa,
              ya las cabezas de los montes raya.
                  ¡Alija todo el cargo!
              ¡No se reserven cofres ni baúles!
              Que este piélago amargo
              se levanta en sus límites azules,
              y el agua sin sosiego

	mata en la cuarta esfera todo el fuego.
Marinero III	Todo en el mar se ha echado, desde el bizcocho a la avarienta pipa; y el vino, alborotado, por negras bocas en las sirtes hipa; y los peces se quejan, que en tal estrago sus costumbres dejan.
Capitán	Arrojad hasta el centro cuanto en la nave está; nada se quede; que este fiero elemento tragarnos con su furia a todos puede.
Marinero II	¡Sal fuera! Este dormía, que de cuna la nave le servía.

(Saque a Jonás.)

Capitán	¿Es posible que ahora esté durmiendo? ¿Estaba descuidado cuando la gente llora y el viento de su cárcel desatado, con la nave en la espuma escribe nuestro mal como con pluma? Hombre, ¿por qué no pides a tu Dios, o a tus dioses si los tienes, clemencia?
Marinero I	No me olvides, Júpiter santo.
Marinero II	Porque al mar enfrenes, para honrar tu decoro,

	juro ofrecerte una sirena de oro.
Capitán	¡Pide a tu Dios clemencia, hombre inconsiderado!
Jonás	No le tengo.
Marinero II	Sin duda esta es sentencia por algunos delitos; yo prevengo el medio que conviene, que la necesidad siempre los tiene. Echemos suertes todos; y al que caiga la suerte, al mar echemos, templando destos modos los vientos que en el mar riñendo vemos; que las aguas, bramando, de alguno están justicia demandando.
Capitán	Muy bien me ha parecido. ¡Cómo ha de ser!
Marinero II	Así el temor no advierte: dadme un palo, y partido, al que tome el mayor caiga la suerte, y aquese al mar se arroje.
Marinero II	La nave se ha rompido y agua coge.
Marinero III	Yo los palillos traigo. Ser quiero yo el primero, Dios me guía: sin duda en el mar caigo; mas no saqué el mayor.
Marinero II	Fortuna mía...

(Saca.)　　　　　　Mas también es pequeño.

Capitán　　　　　　¡Dios, si este palo salvará este leño!

Marinero III　　　　Los dos solos quedamos;
　　　　　　　　　　sacad, amigo.

Jonás　　　　　　　　　　　¿Yo?

Marinero III　　　　　　　　　Sacad de presto,
　　　　　　　　　　porque nos anegamos.

Jonás　　　　　　　Yo el más largo saqué, ya es manifiesto,
　　　　　　　　　　señores, mi pecado,
　　　　　　　　　　que el viento y mar por mí se han desatado.

Capitán　　　　　　¿Pues quién eres?

Jonás　　　　　　　　　　　　Un hombre
　　　　　　　　　　a su Dios y a su ley inobediente;
　　　　　　　　　　y porque no os asombre
　　　　　　　　　　el mar que al cielo toca con su frente,
　　　　　　　　　　poned al llanto pausa,
　　　　　　　　　　y desta tempestad sabed la causa.
　　　　　　　　　　　Jonás es mi propio nombre,
　　　　　　　　　　y soy de nación hebreo,
　　　　　　　　　　y fue Omelias mi padre,
　　　　　　　　　　un varón justo y honesto.
　　　　　　　　　　No adoro en Olimpo a Jove,
　　　　　　　　　　ni a Apolo en Persia y en Delfos,
　　　　　　　　　　sino al que le dio a Moisén
　　　　　　　　　　en Sinaí, ley y preceptos.
　　　　　　　　　　Al fin yo adoro en el Dios
　　　　　　　　　　a quien los cuatro elementos,

en la cárcel de sus rayas
tiene temor y respeto.
Con dos sílabas compuso
la hermosura de los cielos,
haciendo una hermosa octava
de la Luna al firmamento.
Sobre este cuajó las aguas,
y sobre las aguas luego
las inteligencias puso
que las mueven a concierto.
Sobre el móvil de topacios
que más imitan al fuego,
labró su inmóvil alcázar,
contra los tiempos eternos;
deste Dios que estoy diciendo,
que Jehová los nuestros llaman,
nombre inefable e inmenso,
desde mis primeros años
me crié, siendo en su pueblo
apóstol, por varias partes,
de sus altos Sacramentos.
Prediqué su luz divina,
profeticé sus misterios,
hice en su nombre milagros
confirmación de sus hechos.
Mas como la inobediencia
es culpa con que nacemos,
Y está abrazada a la carne,
y nosotros somos cuerpo,
pudo hacer que el Dios que digo,
en cuyo altar está ardiendo
la gran lámpara del Sol
que en su azul capilla vemos,
perdiese el respeto y diese

de un extremo en otro extremo,
que la virtud, si va al vicio,
del alma se arroja presto.
Al fin, mandóme que fuese
a Nínive, y yo, temiendo
la muerte, desconfié;
que el pecador siempre es necio.
Y este fue enorme pecado
contra su poder, sabiendo
que al órgano de las vidas
solo le tocan sus dedos.
Y después de haber querido
buscar los remotos reinos,
me embarqué en aquesta nave,
por apartarme más lejos.
Pero Dios mandó romper
los candados de los vientos,
y desasirse las aguas
de la cárcel de sus senos;
cubriendo el cielo de nubes,
entre bombardas de truenos,
y ha querido castigar
así mi poco respeto.
Y si quieres que la nave
toque de Tarsis el puerto,
o estos desatados montes
se recojan a su centro,
arrojadme al mar, señores,
que con los brazos abiertos
me aguarda para esconderme
en su vientre verdinegro.
Y si al mar no me arrojáis,
este templado instrumento
dará sin trastes al traste

	en un peñasco soberbio.
Capitán	Si es verdad lo que me dices,
	al mar luego te arrojemos;
	que en esto a tu Dios honramos,
	y servimos a los nuestros.
	Perdona nuestra invención,
	santo Dios de los hebreos;
	que es bien que así se castigue
	tu ofensa y tu menosprecio.
	Y si alguno de vosotros
	le ha ofendido, caiga luego
	un rayo sobre él, que abrase
	sus malditos pensamientos.
	Vaya, que nos anegamos;
	arrojadle.

(Arrójanle al mar; salga la boca de la ballena, que le recibe.)

Marinero II	Ya está hecho.
Jonás	En vuestras manos, Señor,
	el espíritu encomiendo.
Capitán	¡Válgame Dios! Un pescado.
	entre sus labios sangrientos
	le recogió; que aun las aguas
	no quisieron recogerlo.
Marinero I	El viento invisiblemente
	se ha sosegado, y el cielo
	sus ricos celajes de oro
	y de azul ha descubierto.

Marinero II	Parece que se han quejado las aguas.
Capitán	Y en sus espejos ya nos miramos los rostros, y casi su arena vemos. ¡Raro milagro! ¡Oh gran Dios de los hebreos! Supremo es vuestro poder.
Marinero II	De Tarsis ya descubrimos el puerto.
Capitán	Haced salva y alegrías, y los grumetes subiendo a las gavias, las coronen de mil gallardetes bellos.

(Vuélvese la nave con mucha alegría y calma de mar. Petronia y Macaria, damas.)

Petronia	Mucho ha que deseaba verme, Macaria, contigo.
Macaria	Yo en este cuidado estaba; y pues aquí estás conmigo, dime lo que quieres.
Petronia	Brava vienes.
Macaria	Quiéranlo los cielos.
Petronia	¿Qué traes?

Macaria	Ponzoña, muerte, desconfianzas, desvelos, y en venir de aquesta suerte, podrás ver que tengo celos.
Petronia	¿Celos de quién?
Macaria	¿No lo sabes, siendo dellos la ocasión y el efecto?
Petronia	Ten, no acabes; que esas palabras no son para personas tan graves como yo.
Macaria	¿Pues tú quién eres?
Petronia	¿Loca, quién tengo de ser? Una mujer que hombres quieren. Mujer soy, mas soy mujer que enfreno locas mujeres.
Macaria	A mí no me enfrenarás.
Petronia	Necia, ¿no eres mi vasalla?
Macaria	Tu reina decir podrás.
Petronia	¿Mi reina?
Macaria	Tu reina.

Petronia ¡Calla,
bárbara, que en ti no estás!
En ti la opinión se infama
del rey, pues siendo del rey,
eres de Danfisbo dama;
y a los dos, sin Dios ni ley,
les das mesa y les das cama.

Macaria Y tú ¿no has hecho matar,
como otra Erífile fiera,
a Rosanio, por gozar
a tu hermano?

Petronia Si quisiera,
loca, yo a mi hermano amar,
¿era menester dar muerte
a Rosanio? ¿Fui con él
atrevida yo por suerte?

Macaria ¿Al fin que lloras por él?

Petronia Soy mujer de bronce fuerte.

Macaria Contiendas dejando aparte,
¿qué me quieres?

Petronia Quiero aquí...

Macaria ¿Suplicarme?

Petronia ¿Suplicarte?

Macaria Yo vengo a mandarte a ti.

Petronia	Yo soy la que he de mandarte; y así te mando que dejes luego el amor de mi hermano.
Macaria	Yo a ti que no me aconsejes.
Petronia	Pues si es contigo tirano, mira que dél no te quejes.
Macaria	Pues si es tirano contigo, no te quejes tú tampoco.
Petronia	El rey loco está conmigo.
Macaria	Conmigo el rey está loco.
Petronia	Yo le obligo.
Macaria	Y yo le obligo.
Petronia	¿No ves que hay gran diferencia en las dos?
Macaria	Amor, que es ciego, a lo amado da excelencia.
Petronia	Ya la llama de este fuego asiste en nuestra presencia.
Macaria	Pues mira para que veas cómo ansí amor corresponde; y el engaño en que le empleas, en este canal le esconde.

Petronia	Sí haré para que lo creas, y luego te esconderás tú también, y lo que digo si es verdad conocerás.
Macaria	De tu mal serás testigo.
Petronia	Tú de mi bien lo serás.

(Escóndese Petronia y sale Danfanisbo.)

Danfanisbo	El rato que estoy sin ti, bella Macaria, mi bien, loco estoy, estoy sin mí.
Macaria	¡Ah, ingrato!
Danfanisbo	¿Tú con desdén conmigo, Macaria, así? ¿Qué te puede a ti enojar? Pídeme cuanto se encierra en las entrañas del mar, y el tesoro que la tierra sabe avarienta guardar; que yo lo pondré a tus pies, a trueque que estés contenta.
Macaria	Sí haré, como aquí me des un imposible.
Danfanisbo	Pues cuenta, como tú contenta estés, ¿el imposible en amor mayor, más fácil y llano,

	es darte el mundo?
Macaria	Mayor.
Danfanisbo	¿Poner el viento en tu mano?
Macaria	Mayor.
Danfanisbo	¿Es poner temor a una mujer, si está resuelta, determinada?
Macaria	Mayor.
Danfanisbo	¿Mayor?¿Qué será?
Macaria	Dar muerte a tu hermana amada.
Danfanisbo	¡Eso es imposible!
Macaria	¡Ya! Es el mayor imposible que se le pudo pedir.
Danfanisbo	Ya, Macaria, estás terrible; luego al punto ha de morir; que a mi amor todo es posible.
Macaria	¿Pues adorándote así la quieres matar?
Danfanisbo	No hay cosa más odiosa para mí; ¡muera!

Macaria	Mira que es hermosa. ¿Oyes lo que dice?

(Donde está escondida.)

Petronia	¡Sí!
Macaria	¿Pues hanme dicho que quieres hacerla contigo reina?
Danfanisbo	Sobre todas las mujeres, Macaria en mí vive y reina.
Macaria	¿Oyeslo?
Petronia	¡Sí!
Macaria	¿Qué más quieres? Yo me voy.
Danfanisbo	¿Dónde te vas?
Macaria	A llorar hasta que muera tu hermana.
Danfanisbo	Pesada estás, mi vida; un momento espera, y aquí muerta la verás.
Macaria	No haré.
Danfanisbo	Tu cólera es mucha.

Macaria	¿Veslo?
Petronia	No creyera tal; ¡en mi muerte y vida lucha!
Macaria	De ordinario oye su mal el celoso y el que escucha.
Danfanisbo	Sobre sus celos ha huido; que es huir sobre un caballo desbocado y atrevido, que jamás puede enfrenallo el más prudente sentido; que el entendimiento ofende, noche en los días de amor, ... y son los celos un duende, que no se ve y da temor. Son mortal desasosiego, que ponen la vida en calma, humo de encubierto fuego; y al fin son pulgas del alma, que pican y saltan luego. Pero mi hermana es aquella:
(Salga Petronia.)	hermana, señora mía, lumbre más hermosa y bella que la que hermosa el día y da luz a tanta estrella. ¿Vos triste, vos afligida? Es para afligirme a mí, si está en la vuestra mi vida.
Petronia	Si me quisieras a mí con fe cierta, y no fingida,

                            ya hubieras hecho, señor,
                            lo que pido.

Danfanisbo   ¿Qué imposible
                            por ti no acaba mi amor?
                            Que como es incomprensible,
                            es imposible mayor:
                                pide.

Petronia   Que muerte le des
                            a Macaria.

Danfanisbo   Luego al punto
                            lo haré, porque alegre estés;
                            y el bello cuerpo difunto
                            será alfombra de tus pies;
                                que no hay cosa para mí
                            más cansada y enfadosa.

Petronia   ¿Oyes lo que dice?

(Macaria escondida.)

Macaria   ¡Sí!

Petronia   ¿Cómo a mujer tan hermosa
                            quieres dar muerte?

Danfanisbo   Por ti,
                            no solo muerte daré
                            a Macaria, que es mujer
                            loca, inconstante y sin fe,
                            sino a cuantas de su ser
                            la tierra en sus brazos ve.

Petronia	Pues hanme dicho que quieres hacella contigo reina.
Danfanisbo	Sobre las demás mujeres, mi hermana en Nínive reina.
Petronia	¿Oyeslo?
Macaria	¡Sí!
Petronia	¿Qué más quieres?
Macaria	¿Y cuando vendré a alcanzar de mi pretensión el fin?
Petronia	Mañana.
Danfanisbo	Nombra el lugar.
Petronia	En el jardín; que el jardín con la yedra enseña a amar.
Danfanisbo	¿Pues tiene firmeza?
Petronia	Y mucha, mas no es a la mía igual.
Macaria	Mi vida y mi muerte lucha.
Petronia	De ordinario oye su mal el celoso y el que escucha; voy al jardín a buscar lugar que nos vea y calle;

	a Rosanio he de vengar.
Macaria	Mañana pienso matalle.
Petronia	Mañana le he de matar.

(Vanse las dos.)

(Salen Fronibo y otros, trayendo a Iberio asido y vestido de pieles.)

Fronibo   Salí contra el tropel de los Villanos
con mil hombres no más, y huyeron todos
dejando al capitán desamparado;
seguimos al alcance de su huida,
y degollaron infinitos dellos
los nuestros; y prendiendo desta suerte
al capitán, que entre estas pieles pardas
encubría quién era, y conocimos
que era, señor, el Príncipe tu hermano,
y que por su ocasión aquellos rústicos
se habían conjurado, y no he querido
matarle hasta traerle a tu presencia;
de tus labios escuche la sentencia.

Danfanisbo   ¿Es posible que aún vives?

Iberio   rey tirano,
fratricida, cruel, más que no el yerno
de Pandión, ¿qué insultos, qué delitos,
te movieron a hacer maldad tan grande?
¿Cómo hiciste conmigo y con Fenicia,
hermana de Abisela y mujer mía?
Si tú tuviste, infame, atrevimiento
para engañarnos y para meternos ·

en una nave, solo con intento
de quitarnos la vida en unas sirtes;
y si fuiste cruel que en otra playa,
habitada de monstruos y de fieras,
y de gentes humanas no habitada,
nos dejasen sujetos a la muerte,
donde mi esposa de animales fieros
sustento ha sido a sus sangrientas bocas,
cuya sangre coral volvió las rocas,
¿no quieres que los cielos me den vida
y sustento los árboles silvestres,
agua las peñas a mi llanto amargo,
y su favor los hombres? Al fin vivo
estoy; por más tormentos intentabas
con aquellos pastores darme muerte;
mas no quieren los dioses; que recelo
que para un grande bien me guarda el cielo.

Danfanisbo   Ponedle en una torre donde muera,
y no le den comida ni sustento;
quiero ver los días que entretiene
la vida sin comer un hombre.
Sale un capitán.

Capitán   Apresta
tu ejército, señor; suenen las trompas,
suene el rumor de guerra y cruja el parche,
a cuyos ecos tu estandarte marche.

Danfanisbo   ¿Qué dices?

Capitán   Que en tus riberas,
sobre los corrientes vidrios,
a la gran ciudad Viser

                    ha puesto cien edificios.
                    Ciudad hermosa parece
                    la que forman los navíos
                    que entre las aguas, danzando,
                    parecen monstruos marinos.
                    Con el rey viene Lisbeo,
                    por tu teniente, y le he visto
                    saltar, a un esquife
                    del vientre de un hipogrifo;
                    el cual, de grandes cercado
                    y de soldados servido,
                    con una embajada viene
                    a verse, señor, contigo;
                    y sin duda que ha llegado,
                    porque lo dice el ruido
                    que en tu antecámara suena.

Danfanisbo   Dime, ¿es este que entra?

Capitán   El mismo.

(Lisbeo, muy galán, acompañado.)

Lisbeo   Dame esas manos y dame
                    un asiento.

Danfanisbo   Es el camino
                    corto, y no vendrás cansado;
                    habla en pie, que en pie te admiro.

Lisbeo   El alto rey Abisén
                    te pide, rey Danfanisbo,
                    a su hermana, y tu ciudad,
                    de hermoso y de grande sitio,

	porque supuesto que sea
tan grande como le han dicho,
que de una punta a otra punta
hay tres días de camino,
él tiene tantos soldados
y tan grandes artificios
de combatir y vencer,
que es forzoso el ser vencidos;
y podría ser que paguéis
de una vez tantos delitos
contra Dios y contra el cielo,
que os dé el cielo este castigo.
Danfanisbo	No hables más; vuelve a tu rey
y dile que no me admiro
de ver que, como otro Jerjes,
ponga a los tritones grillos;
y que a todo su poder,
yo solo, si yo le embisto,
le haré que la espalda vuelva
de mis manos ofendido;
pero que si por su hermana
viene enojado conmigo,
quien la robó fue mi hermano;
y así al robador le envío,
que le pida cuenta della;
que yo a su hermana no he visto.
Lisbeo	¿Quién es su hermano?
Iberio	Yo soy.
Lisbeo	No es de príncipe el vestido.

Iberio	He sido rey de animales, y de sus brocados ricos este vestido corté, que Adán se vistió del mismo. Yo robé a Fenicia, yo, más astuto que Abisino, fui recibido en sus playas con pompas y regocijos. Vamos, que quiero que el rey me dé un bárbaro castigo, pues conmigo este tirano es un tirano Dionisio.
Lisbeo	¿Y Fenicia, dónde está?
Iberio	Robármela el cielo quiso por transformarla en estrella como a Urania y a Calixto.
Lisbeo	Vamos, porque el rey comience en ti, aunque tan grande ha sido la culpa, que es en un mar meter un pequeño río; y tú apercíbete, Rey.
Danfanisbo	Dile que no me apercibo yo para cosas tan pocas.
Lisbeo	¿Eso dices?
Danfanisbo	Esto digo; a ti la ciudad te encargo. Vela, defiende, Fronibo; que yo no quiero en sus cuellos

| | manchar mis aceros limpios.
Toma diez firmas en blanco,
y con hombres infinitos
guarda la ciudad, y queden
solo mujeres conmigo, |
|---|---|

(Vanse Lisbeo y el Príncipe.)

| Fronibo | Desta vez quedo señor
de Nínive, y doy castigo
a este tirano inventor
de maldades y de vicios. |
|---|---|

(Vase.)

(Coridón y Gaseno, villanos.)

| Gaseno | Huye, amigo Coridón;
que se acerca el animal
a la orilla. |
|---|---|
| Coridón | ¿Hay bestia igual? |
| Gaseno | ¿Si es este camaleón? |
| Coridón | No, que el camaleón es
comparado a los señores,
que se viste de colores
de la cabeza a los pies. |
| Gaseno | Así tanto parecer
tiene el hombre cada día. |
| Coridón | Y quien en hombre confía, |

	camaleón ha de ser.
Gaseno	Mas sin cama, león dirás, pues apenas cama tiene quien los cree.
Coridón	El monstruo viene.
Gaseno	Coridón, no espero más.
Coridón	Sobre este peñasco ponte; un monte tus pasos fragua.
Gaseno	Pues di, necio, ¿sobre el agua había de andar un monte? Ya a la ribera ha llegado.
Coridón	¡Hola! Ni chista ni paula.
Gaseno	Esta es la carantamaula, que dijeron que es pescado, y se me encajó en la cholla.
Coridón	¡Calla, necio! ¿Hay cosa igual?
Gaseno	Si no es aqueste animal, será la paparrasolla, con que acallan los muchachos.
Coridón	En la arena se entretiene.
Gaseno	Macho es. ¡Qué barbas tiene! ¡Y peinados los mostachos! ¡Oh, qué boca!

Coridón   No te asombres.
               De babas y ovas vestido,
               un hombre della ha escupido.

Gaseno   ¿Animal que escupe hombres
               es este? No espero más;
               si hombres por la boca da,
               dime, Coridón, ¿qué hará
               si estornuda por detrás?

Coridón   Oye, que se vuelve al mar.
               Debajo del mar profundo
               dicen que está el otro mundo;
               y de allá debe sacar
                   a nuestro mundo esta gente.

(Salga la boca de la ballena, y arroje a Jonás lleno de algas y ovas, y vuélvase a esconder.)

Gaseno   Muerto está el hombre; miremos:
               y si es pescado, lleguemos.
               Vivo está, que está caliente.

(Llegan a Jonás a tentarle.)

                   Ah, ¡Buen hombre!

Jonás   ¿Dónde estoy?

Coridón   En Nínive, padre, estáis.
               ¿Qué tenéis, que os admiráis?

Jonás   Mil gracias, señor, os doy.

111

Coridón	Decid; ¿qué animal, señor, es el que os echó en la arena?
Jonás	Aquel, amigo: ballena.
Gaseno	Balleno, diréis mejor.
Jonás	¿Qué día es hoy?
Coridón	Un día después del sábado.
Jonás	Si esto es cierto, tres días he estado muerto; que del viernes a hoy son tres. En fin, ¿en Nínive estoy?
Gaseno	Sí, amigo.
Jonás	¿Es grande?
Gaseno	Es tan grande, que en tres días no hay quien la ande.
Jonás	Mil gracias, señor, os doy. ¿Cuánto está de aquí?
Coridón	Estará media legua.
Jonás	De esta suerte, voy a ponerme a la muerte, que por Dios vida será.

Coridón   ¿Sois deste mundo?

Jonás   Sí soy.

Coridón   ¿Pues cómo aquí os ha escupido
               un pescado?

Jonás   Hoy he nacido;
               mil gracias, señor, os doy.
               alabando vuestro nombre.

Coridón   Venid, veréis la ciudad.

Jonás   Contra vuestra voluntad,
               gran señor, no es nada el hombre.

(Vanse.)

(Danfanisbo y los músicos cantan.)

Músicos   ¡Ay, larga esperanza vana!
               ¡Cuántos días ha que voy
               engañando el día de hoy
               y esperando el de mañana!

Danfanisbo   Callad, que ya esta mañana
               llegó ya con mi esperanza;
               dejadme.

Músicos   De buena gana.

(Vanse los músicos.)

Danfanisbo	Y cantadle al que no alcanza:
	¡ay, larga esperanza vana!
	Ya a la mañana llegué
	que amor me está prometiendo,
	que siempre esperanza fue,
	y en ella alcanzar pretendo
	el galardón de mi fe.
	Y aun pienso que de mi hermana,
	en este largo mañana
	no he de conseguir su amor;
	que en parte donde hay honor,
	hay larga esperanza vana.

(Sale Petronia.)

Petronia	¡Ya, día grave y pesado,
	para mi dichosa suerte
	a mis manos has llegado,
	a donde con otra muerte
	será Rosanio vengado.
	Ya con el cuchillo estoy,
	mi Rosanio, el día de hoy
	procurando tu venganza;
	podrá decir mi esperanza:
	¡cuántos días ha que voy!

(Sale Fronibo.)

Fronibo	Las firmas han sido abono
	de mi traición; hoy sin ley
	en Nínive me corono,
	y hoy con mi industria soy rey,
	bajando al rey de su trono.
	General de reino soy;

　　　　　　　　si muerte a la Infanta doy
　　　　　　　　y engaño me da poder,
　　　　　　　　diré que rey vengo a ser,
　　　　　　　　engañando el día de hoy.

(Sale Macaria.)

Macaria　　　　　No quiero más esperar;
　　　　　　　　¡el rey muera! ¡Ah, cielos, cielos!
　　　　　　　　Pues me da el tiempo lugar;
　　　　　　　　que son cometa los celos
　　　　　　　　y muerte han de señalar.
　　　　　　　　　¡Muera el rey, y esta tirana,
　　　　　　　　pues a Fronibo se allana;
　　　　　　　　que ya me canso y ofendo
　　　　　　　　de ir el día de hoy muriendo
　　　　　　　　y esperando el de mañana!

Danfanisbo　　　¿Petronia está en mi presencia?

Petronia　　　　¿Aquí está este ingrato?

Fronibo　　　　　　　　　　¿Aquí
　　　　　　　　la Infanta está?

Macaria　　　　　　　　Amor, paciencia;
　　　　　　　　este es el rey, muera así.

(Jonás dentro.)　¡Penitencia, penitencia!

Danfanisbo　　　¿Qué aguardo? A mi hermana voy.

Petronia　　　　¡Ea, muera Danfanisbo!

Fronibo　　　　　¡Muera, Petronia, que estoy

	dudando conmigo mismo!
Macaria	¡Muera el rey si noble soy!
Danfanisbo	¡Oh, hermana! Dame licencia que le abrace.
Petronia	¡Muera el fiero!
Fronibo	¡Muera esta vil sin prudencia! ¡Muera este ingrato! ¿que espero?

(Sale Jonás como salió de la ballena.)

Jonás	¡Hombres, haced penitencia! Nínive, si más porfías en tus vicios y no das crédito a las voces mías, castigo eterno tendrás. Limpia en ellos tu conciencia, que a Dios tienes ofendido, y así yo, con su licencia a prevenirte he venido y a pronunciar la sentencia. Pasa por delante de ellos.
Danfanisbo	¿Quién eres, monstruo espantoso, que atrevido y riguroso nuestra destrucción adviertes?
Jonás	¿Quién predice vuestra muerte? Voz del Todopoderoso: cuarenta días tenéis, ninivitas, si queréis

                        del torpe vicio apartaros;
                        trompa soy para avisaros
                        que a Dios, airado tenéis.

(Vase.)

Danfanisbo   ¡Ángel, voz divina, espera,
                        que hay Dios que premia y castiga!
                        ¡Deleites del mundo, afuera;
                        que me inspira Dios que siga
                        la vida más verdadera!

(Vase.)

Petronia   ¡Qué temor!

Fronibo   ¡Qué confusión!

Macaria   Muerto llevo el corazón.

Petronia   A llorar voy mi pecado.

(Vase.)

Fronibo   ¿Dios airado?

(Vase.)

Macaria   ¿Dios airado?
                        Cierta es nuestra perdición;
                         ¡Dios, entre arpías me veis,
                        pues con las lágrimas mías
                        conocer no me podréis
                        dentro de cuarenta días!

(Vase.)

(Abisén y Capitán salen.)

Abisén ¿Posible es que la ciudad
no se defiende?

Capitán Las puertas
tiene abiertas.

Abisén Pues entrad
triunfando si están abiertas.

Capitán Lisbeo viene.

Abisén Esperad.

(Lisbeo trae al lado a Iberio.)

Lisbeo A tu presencia, señor,
traigo el homicida fiero
de tu vida y de tu honor,
porque afilando tu acero
en él cortará mejor.
 Este es Iberio, el hermano
de Danfanisbo, que es tal,
que es de su sangre tirano;
la culpa le hizo animal
y no parece hombre humano.
 Este, señor, es aquel
autor del infame robo,
que para que sepan que él
en la condición es lobo,

        quiso vestirse de piel.
   Su hermano así le destierra,
que de su muerte se agrada,
que el infierno en él se encierra,
y responde a tu embajada
con decir que quiere guerra.

Abisén   Di, ¿fuiste tú quien robó
a mi hermana?

Iberio   ¡Señor, sí!
Pero no sé della.

Abisén   ¿No?

Iberio   En un monte la perdí,
donde mi hermano me echó;
   fui a buscar senda o camino,
y entretanto, alguna fiera
o fiero monstruo marino,
en la espumosa ribera
eclipsó mi Sol divino.
   Por toda la soledad
muchos días la busqué,
moviendo el monte a piedad
y con un lobo troqué
mi pompa y mi majestad.
   Y pues yo de aquesta suerte
te robé a tu hermana bella,
dame con tu brazo fuerte
la muerte, porque sin ella,
señor, ya mi vida es muerte.

Abisén   Movido me ha el corazón

    mi hermana, y vengar deseo
en Nínive esta traición;
déle la muerte Lisbeo,
y acérquese mi escuadrón.

(Vase el rey y quedan Lisbeo e Iberio.)

Lisbeo   Manda el rey que te dé muerte.

Iberio   Venga; que no me acobarda.

Lisbeo   Matadle, pues.

Iberio   ¡Trance fuerte!
    ¡Ya voy, dulce esposa!

Lisbeo   Aguarda,
porque quiero conocerte;
  ¿eres tú un hombre que un día
a un hombre vida le diste,
que a una mujer defendía?

Iberio   Yo sospecho que tú fuiste
el que de Rosanio huía.

Lisbeo   El mismo que dices fui.

Iberio   Y yo, señor, fui también
el que el camino te di.

Lisbeo   No se pierde el hacer bien;
un anillo que te di,
    ¿dónde está?

Iberio 　　　　　　Desde aquel día
me ha acompañado en el dedo
¿no es este?

Lisbeo 　　　　　　　La deuda es mía,
y siendo así, ahora puedo
pagarte la cortesía.
　　Dame, señor, esa mano,
que amparo y muro ha de serte;
que no quiero ser villano;
y aunque Abisén me dé muerte,
te he de vengar de tu hermano.
　　Perdone el rey Abisén
si en darte vida me fundo,
y Danfanisbo también;
porque veas que en el mundo
nunca dañó el hacer bien.
　　rey serás, y no te asombre,
y en Nínive vencedor
de tu hermano: ¡Hola! A este hombre
dadle un vestido, el mejor
de los míos.

Iberio 　　　　　　Fama y nombre
cobras con hazaña igual.

Lisbeo 　Ve y múdate este vestido;
que importa.

Iberio 　　　　　　¡Oh, amigo leal!
siempre hacer bien bueno ha sido,
como es malo el hacer mal.

(Llévenlo los soldados, y salga Fenicia.)

Fenicia	Hanme dicho que envió
a mi esposo Danfanisbo
el rey.
Lisbeo	Sí, y muerte le dio.
Fenicia	¿Y quién se la dio?
Lisbeo	Yo mismo.
Fenicia	Para que no viva yo:
¡oh, mano fiera! Homicida
del alma, que me mataste:
mi muerte el cielo te pida,
pues que de un golpe quitaste
dos vidas en una vida;
Mas ¿cómo, teniendo espada,
¡cielos! a mi bien no sigo?
Aguárdame, alma adorada;
que presto estaré contigo;
si es tan breve la jornada.

(Quiere echarse sobre su espada desnuda.)

Lisbeo	¡Tente!
Fenicia	Déjame acabar
de una vez, y que a Liberio
el alma vaya a buscar.
Lisbeo	No es sin falta de misterio
no darte a morir lugar;
antes, pues conmigo estás

               a solas, pienso gozarte:
               esto ha de ser.

Fenicia   ¿Dónde vas?

Lisbeo   ¡Vive Dios, que he de matarte
               si este gusto no me das!
                  Apercíbete a morir
               o a darme gusto.

Fenicia   ¿A Fenicia
               liviandad se ha de pedir?
               ¿Tal te atreviste a pedir?
               No hay Dios, no hay ley, no hay justicia;
               morir quiero y no vivir;
                  que vida muriendo gano:
               por mi honor: mátame injusto.

Lisbeo   Pues a matarte me allano;
               que si eres bronce a mi gusto,
               acero ha de ser mi mano.

(Sale el rey Abisén con gente, y la espada desnuda todos, y el Capitán.)

Abisén   ¡Espantosa novedad!
               No veo en Nínive gente.

Capitán   No hay gente en esta ciudad.

Abisén   Mas ¿no es hombre aquel? Detente.

Capitán   ¡Extraña temeridad!

Abisén   Ya llega a nuestra presencia.

Capitán	¡Hombre!
Abisén	Gran temor me ha puesto con su espantosa apariencia.
Capitán	Hombre, responde, ¿qué es esto?
Jonás	¡De las culpas penitencia! ¡Oh, nombre de penitencia!

(Vanse.)

Capitán	¿Fuese?
Abisén	¡Qué extraños portentos! Atadas las bocas tienen los bueyes y los jumentos. ¿Qué es esto?
Capitán	Otros muchos vienen muy flacos y macilentos.
Abisén	¿Qué es esto? ¿Quién ha trocado a esta ciudad?
Capitán	Otros dos en el palacio han entrado.
Abisén	Si está esa ciudad sin Dios, ¿quién puede haberla endiosado?
Capitán	No defienden las haciendas que tus soldados saquean;

	abiertas están las tiendas.
Abisén	Solo salvarse desean.
Capitán	Mata a aqueste.
Abisén	No le ofendan: ¿es este el palacio?
Capitán	Sí.
Abisén	Todo es penitencia en él; ¡loco estoy, no estoy en mí! Posible es; ¿qué hombre es aquel?
Capitán	Hombre es.
Abisén	¿Cómo viene así?
Capitán	Los caballos enfrenados, cortadas las cerdas locas y los copetes cortados; en los pesebres las bocas, de ceniza están sembrados.
Abisén	Este es el solio Real, sin duda, en que el rey asiste; ¡descubrid! ¿portento igual? ¿De tosco sayal se viste un rey? No creyera tal.

(Descúbrese una cortina y está el rey, de jerga, en un trono de luto, con soga al cuello y ceniza. La corona y cetro a los pies.)

Capitán   Solo el mirar su presencia
                   da temor.

Abisén   Así resisto
                   de mi gente la inclemencia:
                   ¿qué es esto que habemos visto?

Danfanisbo   Un rey que hace penitencia.

(Salgan Lisbeo e Iberio, galanes.)

Abisén   Sin pelear me ha vencido
                   el rey y su gente.

Iberio   ¿Quién
                   causa deste bien ha sido?

Capitán   Perros y gatos también
                   de penitencia han vestido.

Danfanisbo   Si de mirarme te agradas,
                   ensangrienta en estas venas
                   las puntas de tus espadas;
                      que bien sé que Dios te envía,
                   Rey, a castigarme a mí,
                   que sin Dios ni ley vivía:
                   del mundo idólatra fui
                   y es loco el que en él confía.

Lisbeo   Ya en la ciudad están puestas
                   tus águilas vencedoras.

Iberio   Grandes victorias son estas.

| Lisbeo | ¿Pues cómo venciendo lloras, en vez, señor, de hacer fiestas? |

| Abisén | Aunque vencer he podido
a este pueblo descuidado;
su rey, que el caso ha sabido,
de penitencia se ha armado
y con ella me ha vencido.
   Quísele hacer resistencia,
mas es su poder eterno
y espántame su presencia;
y no es mucho, si al infierno
espanta la penitencia.
   La mayor fuerza del cielo
es imitallo los dos;
pues pudo su sabio celo,
la que fue ciudad sin Dios,
hacerla ciudad del cielo.
   Solo me pesa, Lisbeo,
de la muerte de Iberio. |

| Lisbeo | Como servirte deseo, vivo está. |

| Iberio | No sin misterio a tus pies libre me veo. |

| Lisbeo | Señor, la vida le di, porque la vida le debo. |

| Abisén | También te perdono a ti. |

| Danfanisbo | Hermano, yo no me atrevo a hablarte ni verte aquí: |

	mis sinrazones perdona
y con Petronia, mi hermana,
en el reino te corona.
Iberio	Mi amor en servirte gana.
Danfanisbo	Y el mío, hermano, te abona.
Abisén	Yo de Petronia he de ser,
si es su gusto, su marido.
Danfanisbo	Será tu esclava y mujer.
Iberio	A haber mi bien parecido,
fuera cumplido el placer.
Lisbeo	Pues para que todo esté
cumplido, yo, mi señor,
viva a Fenicia daré,
que haciendo prueba en su amor,
ejemplo de virtud fue.
Iberio	Los pies le quiero besar.
Danfanisbo	Y Macaria con Fronibo
al punto se ha de casar.
Abisén	Pues tanta gloria recibo,
vuelva mi ejército al mar.
Danfanisbo	Pues cesen las alegrías.
Señor, con vuestra licencia;
que en estos cuarenta días
todo ha de ser penitencia,

llorando las culpas mías.

(Vanse todos.)

(Sale Jonás.)

Jonás
Ya en Nínive, Señor, he predicado,
y no se si a mi voz se han convertido,
aunque un pueblo tan loco y obstinado,
darle clemencia, cosa vuestra ha sido.
Grande ha de ser el llanto si el pecado
grande, Señor, y pernicioso ha sido;
mas vos os contentáis ¡oh entrañas pías!
Con penitencia de cuarenta días.
　No quise en la ciudad quedar; que quise
ser como Lot, cuando dejó a Sodoma,
y a vuestro mandamiento satisfice
haciendo que la gente duerma y coma;
su risa es llanto que la inmortalice.
Yo no sé, gran Señor, cómo la toma,
que es bien que el vicio a enfermedad se iguale,
que entra de presto, pero tarde sale.
　Confiado estoy al pie de aquesta yedra,
pared a el Sol, y el sueño vencer quiero,
que si a la sombra deste tronco medra,
aquí, a su sombra, yo medrar espero.
La cabeza pondré sobre esta piedra
hasta que el Sol se esconda y el lucero
abra los ojos a mirar la tierra:
que el sueño y el cansancio me hacen guerra.

Dios
Pues tus esperanzas pones,
Jonás, en la yedra loca,
quiero, en tanto que tú duermes,

secarte sus verdes hojas.
Todo lo rige mi mano;
que mi mano es poderosa
solamente, y son caducas
del mundo todas las cosas.
No ha de quedar hoja en ella,
y mientras se caen todas
te quiero enseñar el Sol,
de quien tú has sido la sombra.
Tú eres el Jonás primero;
mas quiero enseñarte ahora
el segundo, que ha de darte
eterna fama y memoria.
Que si tú, en el mar soberbio,
arrojado entre las olas
estuviste en un pescado
de negras y fuertes conchas,
tres días muerto, y al fin
saliste con la victoria
de la muerte y de los vicios
en que Nínive reposa;
este segundo que digo,
desde la mar procelosa
de su pasión, esta piedra
que ves por sepulcro toma,
que es la ballena segunda,
más verdadera y más propia,
echándola de la nave
de la cruz, borrasca y ondas,
donde al cabo de tres días,
glorioso, de aquesta forma
resucitará, triunfando
de la Nínive espantosa,
del infierno, cuya cárcel

quedará deshecha y rota
por este Jonás que has visto.
Tú, Jonás, eras la sombra:
¡recuerda, Jonás, recuerda!

(Rómpese un sepulcro, y salga un niño de resurrección, y súbase al cielo.)

Jonás   ¡Jonás divino, perdona
si este primero Jonás
con su vida te deshonra!
Por fe te adoro y confieso,
que eres segunda persona
del Padre, y Dios como el Padre
en la esencia y no en la forma.
Y aunque entre sueños te he visto,
tiempo vendrá que conozca
que es verdad, cuando el infierno
para rescatarnos rompas.
Quiero volverme a la yedra;
que el calor del Sol me enoja.
Pues la yedra se ha secado.
Señor, ¿por qué desta forma
aquí, porque me amparaba,
me habéis quitado la sombra?
¿Posible es que cobijéis
con la vuestra esta alevosa
ciudad, que por ser tan mala,
la ciudad sin Dios se nombra,
y a mí, que os estoy sirviendo,
me neguéis sus verdes hojas?

Dios   Si tú desta suerte sientes
que yo una yedra te esconda
por la sombra solamente,

siendo una cosa tan poca,
¿por qué quieres que le niegue
a esa ciudad, que ya llora
sus culpas de aquesta suerte,
Jonás, mis misericordias?
Si pérdida tan pequeña
tanto sientes, deja ahora
que cobije la ciudad
yedra de misericordia.
Y porque veas que está
trocada su suerte toda,
vuelve los ojos y mira
su penitencia espantosa.
Mira en este hermoso lienzo
las figuras prodigiosas
que la penitencia pinta,
que es soberana pintora.
Que para vencerme a mí
no hay cosa tan poderosa
como aquesta hermosa dama,
que por fea al mundo asombra.
Vuelve a la ciudad, Jonás,
porque celebres las bodas
de los Reyes, y conoce
que es mi mano poderosa.

(Todo se desaparece y cubre.)

(Descúbrense en el tablado alto y bajo algunas cuevas: en ellas, puestos de penitencias diferentes, los más que puedan.)

Jonás   ¿Quién, gran Señor, no engrandece
             vuestras obras milagrosas?
             ¡Oh, ciudad sin Dios un tiempo,

deja aqueste timbre, y torna
la ciudad de Dios, y acabe
tu penitencia y la historia!

Fin de la comedia

Libros a la carta

A la carta es un servicio especializado para
empresas,
librerías,
bibliotecas,
editoriales
y centros de enseñanza;
y permite confeccionar libros que, por su formato y concepción, sirven a los propósitos más específicos de estas instituciones.
Las empresas nos encargan ediciones personalizadas para marketing editorial o para regalos institucionales. Y los interesados solicitan, a título personal, ediciones antiguas, o no disponibles en el mercado; y las acompañan con notas y comentarios críticos.
Las ediciones tienen como apoyo un libro de estilo con todo tipo de referencias sobre los criterios de tratamiento tipográfico aplicados a nuestros libros que puede ser consultado en Linkgua-ediciones.com.
Linkgua edita por encargo diferentes versiones de una misma obra con distintos tratamientos ortotipográficos (actualizaciones de carácter divulgativo de un clásico, o versiones estrictamente fieles a la edición original de referencia).
Este servicio de ediciones a la carta le permitirá, si usted se dedica a la enseñanza, tener una forma de hacer pública su interpretación de un texto y, sobre una versión digitalizada «base», usted podrá introducir interpretaciones del texto fuente. Es un tópico que los profesores denuncien en clase los desmanes de una edición, o vayan comentando errores de interpretación de un texto y esta es una solución útil a esa necesidad del mundo académico.
Asimismo publicamos de manera sistemática, en un mismo catálogo, tesis doctorales y actas de congresos académicos, que son distribuidas a través de nuestra Web.
El servicio de «libros a la carta» funciona de dos formas.
1. Tenemos un fondo de libros digitalizados que usted puede personalizar en tiradas de al menos cinco ejemplares. Estas personalizaciones pueden ser de todo tipo: añadir notas de clase para uso de un grupo de estu-

diantes, introducir logos corporativos para uso con fines de marketing empresarial, etc. etc.

2. Buscamos libros descatalogados de otras editoriales y los reeditamos en tiradas cortas a petición de un cliente.

www.ingramcontent.com/pod-product-compliance
Lightning Source LLC
Chambersburg PA
CBHW022118040426
42450CB00006B/745